让孩子越玩越聪明的

160个

经典益智游戏

（0~3岁）

〔美〕佩妮·华纳 著　刘灿灿 译

PLAY

&

LEARN

南海出版公司

新经典文化有限公司
www.readinglife.com
出　品

PLAY & LEARN

CONTENTS

前　言

欢迎阅读本书！有趣的游戏要开始了！

从出生到 3 岁的这个阶段，宝宝成长发展最快。在这段时间，宝宝会——

- 练习精细运动技能和粗大运动技能，达到身体上的成长；

- 增加思考和解决问题的技巧，达到认知上的成长；

- 学习沟通、接受和表达，达到语言上的成长；

- 产生更多自我认同，达到心理上的成长；

- 学习如何与他人互动，达到社交技能的成长；

- 掌握情绪的表达，达到情绪管理上的成长。

在早期这几年，宝宝的成长、学习、改变，要比其他任何时期都快，仅次于在妈妈肚子里的几个月。身为父母、老师或是养育者，你可以为他提供充满刺激的环境，借此协助宝宝在这段重要时期发展他的潜能。请记住：

- 宝宝通过游戏来学习。

- 对宝宝来说，最好的玩伴就是你。

- 请跟你的宝宝一起享受玩耍的乐趣！

你是宝宝的最佳玩伴，你的脸、双手和身体都是适合宝宝的玩具，你所需要的只是一些令人兴奋的想法、一些有创意的材料，以及享受这种乐趣的时间。

这本书里提供了 160 种有趣的游戏，给宝宝带来各种挑战和奖励。每一种游戏都是根据许多儿童发展专家的建议设计的。通过研究宝宝的学习和成长，权威人士已经找出了许多方法，协助宝宝发挥最大潜能，同时享受愉快时光。

我教授儿童发展已有 20 多年了，所以我知道许多父母都喜欢和他们的宝宝一起玩——他们需要的只是更多趣味和更多游戏的点子。

在本书中，我将会告诉你：

● 每一种游戏的建议年龄。

● 每一种游戏所需的材料。

● 每一种游戏的步骤说明。

● 用以增加趣味及强化学习的衍生游戏。

● 确保宝宝在游戏中不会受伤的安全提示。

● 宝宝通过游戏可以学到的技巧。

当你享受与宝宝相处的时光时，请牢记以下内容：

宝宝经由感官来学习。你要提供各种刺激的材料让宝宝学习看、听、尝、触和嗅。记住——对宝宝来说，能刺激五感的最好玩具就是你。

宝宝对丰富的环境有反应。这并不意味你得为宝宝提供几百件玩具，只要你能给宝宝提供适应发展阶段的玩具，给宝宝各式各样的选择，让宝宝有很多时间去玩就可以。记住，越简单越好——玩具越简单，游戏越复杂。

宝宝从模仿中学习。宝宝喜欢做别人做的事，你先玩，宝宝就会学着你玩。在你示范游戏或玩具时，一定要用上很多身体语言和面部表情。如果让一个大一点的儿童来当宝宝模仿的对象更好，因为宝宝喜欢和其他孩子一起玩。

宝宝从不同的游戏中学习。游戏能帮助宝宝更加了解自己的感觉、恐惧和周围的世界。宝宝喜欢：

● 独自一个人玩：他可以自己设定节奏，解决自己的问题，自己决定。

● 和别人一起玩：这样他可以观察其他类型的游戏，学习探险的新方法，并在游戏中学到社交技能。

● 安静地玩：用手指、脚趾、书、音乐和语言。

● 活跃地玩：移动胳膊和腿来投掷、跳跃和舞蹈。

● 角色扮演游戏：假扮成怪兽、小狗、妈妈、爸爸、超级英雄和卡通人物，或是表演居家生活、日间看护、幼儿园生活、看望病人、生日宴会、假期，甚至葬礼。

宝宝从重复中学习。宝宝爱极了一而再、再而三地玩游戏。你可以与他从一个简单又有趣的游戏开始，经过一段时间，当宝宝能更熟练地处理信息，利用身体语言和他人互动时，可以让游戏改变一下，让它更具挑战性。很快，宝宝最喜欢说的话会变成："再来一次！"

宝宝从经验中成长。虽然宝宝会通过观察他人学习玩耍，但仅仅旁观无法让他满足。宝宝会想亲身体验。所以只要有机会，就让宝宝参与进来。不论宝宝多小，他都有办法做出游戏的最基本动作。让宝宝尝试，并且只在必要时提供协助。

宝宝通过解决问题变得更聪明。设计简单任务给宝宝去解决，并且随着宝宝成长逐渐增加难度。任务要易于完成，宝宝才不会感到挫折或停止尝试，不过要保证难度足以让宝宝感兴趣及获得成就感。在宝宝解决问题的过程中，你应该协助他一步步接近成功。

宝宝从语言中学习。当你们一起玩的时候，要一面对宝宝说话，一面解释你所做的事。解释游戏步骤或玩具的玩法是一种好习惯，宝宝的理解能力常超出我们想象。宝宝喜欢语言游戏，所以应该让语言成为游戏的一部分。

宝宝按自己的节奏进行游戏。游戏时既不要匆忙了事，也不要一次给宝宝太多选择。假如宝宝还没准备好，不要让游戏难度太大。当宝宝一边玩游戏一边熟悉你和他的互动节奏时，仔细观察，然后准备好在必要时增加更多挑战。

宝宝有信心时便能克服一切难关。在玩耍时尽量赞美和鼓励宝宝，同时帮助他成功。协助宝宝找到新方法去玩游戏、解决问题、探索及学习，并且玩得愉快！

最重要的，宝宝想要的是和你一起玩。游戏的学习功能只是附带的"赠品"。现在请你翻开书，开始和宝宝共享乐趣！游戏时间到喽！

　　从前的专家认为，刚出生的婴儿无法看，无法听，也无法思考，是个什么也不能做的小东西。不过后来研究证明，婴儿可以看，可以听，甚至远在出生之前就能够学习了——宝宝在子宫中是他发展速度最快的时期。

　　从出生到3个月大的阶段也是快速发展时期，速度仅次于在子宫中的阶段。宝宝一出生，各个方面就都开始快速发展，如认知能力、思维能力、肢体发展和肌肉控制，情绪表达、自我认知和社交技巧等人格发展也会大幅进步。因此要对这段宝贵的时光善加利用。

　　当宝宝开始尝试认识这个世界、熟悉周围环境时，就开始他的认知之旅了。宝宝的思考能力快速提高，他的学习在不间断地进行。宝宝会说第一句话的时间平均在12个月左右，但是当他开始开口说话时，他能听懂的词就已经超过50个了。在你发觉以前，他已经开始解决他自己的问题，并且学习如何获得他想要的东西。本章中的游戏可以加强宝宝的认知发展。

　　当宝宝的肢体开始发展时，你会看到他对肌肉控制的变化，从不协调的挥舞手臂开始逐渐手眼协调，慢慢学会走路、跑步、骑车，甚至会玩滑板！前进的每个步伐都很小，相对整个过程而言几乎察觉不到。你和宝宝可以利用本章所提供的各种有趣游戏来练习。

　　宝宝也将快速学会心理与社交技巧，从第一次目光接触，到正确表达自己的情绪，获得新的社会关系，了解自己的独特性。这些变化都将协助宝宝在心理、社会及情绪上取得良好的平衡。

　　你还等什么？赶快好好利用这3个月的每一分钟！宝宝发育得很快哦！

PLAY & LEARN

不见了

对刚刚出生的宝宝来说，这是一个全新的世界，所以他需要很多时间来了解他的环境。你可以借着这个游戏来帮助他！

所需材料：

- 柔软、颜色鲜艳的玩具
- 盒子或桶
- 毛巾、毯子或桌布

宝宝可以学到：
●预期能力
●认知能力／思维能力
●物体恒存性与稳定性

步骤说明：

1. 把几件彩色玩具放在一个盒子或桶里。
2. 让宝宝舒适地坐在婴儿椅上，你坐在他对面。
3. 把其中一件玩具从盒子里拿出来，拿给宝宝看。把玩具靠近你的脸，然后对宝宝说话，吸引他的注意力。
4. 当宝宝注视的时候，用毛巾把玩具遮起来，对宝宝说："不见了！没有了！"
5. 等几秒钟，然后拿掉盖住玩具的毛巾，快乐地宣布："在这里！"
6. 用不同的玩具反复进行。

衍生游戏：

把玩具藏在毛巾下面几次之后，再把玩具放到宝宝看不见的地方。当宝宝发现发生了什么事情时，注意观察他的反应，然后再一次把玩具拿进宝宝视线之内。尝试不同的藏匿地点，以保持宝宝的兴趣。

安全贴士：

如果宝宝在玩具消失时感到沮丧，那么藏玩具的时候放慢动作，让他知道你在做什么。注意不要遮住玩具太久。

婴儿球

　　每个人都需要运动，新生儿也一样！"婴儿球"是一个有趣的运动方式，能促进宝宝血液循环，提高肌肉柔韧度，增加弹性，并且协助宝宝学习控制肢体动作。

所需材料：

- 一颗大球，直径大约 60~90 厘米（玩具店或体育用品店有售）
- 铺着地毯的地板

宝宝可以学到：
- 肌肉控制和弹性
- 空间关系
- 信任感

步骤说明：

1. 给宝宝脱掉衣服，只包着尿布，让他的身体可以贴合球的表面而不会滑落。
2. 把球放在房间中央铺有地毯的地板上。
3. 面对球坐在地板上，让宝宝站在球的另一边面对你。握住他的胳膊帮他保持平衡。
4. 让宝宝趴在球上，小心地抓着他，以免他滑倒或摔跤。
5. 让宝宝趴在球上，把球前后左右慢慢滚动。
6. 试着尝试其他运动方式。

衍生游戏：

把球的气放掉一点。如果没有球，可以使用靠枕或椅垫代替。

安全贴士：

务必一直牢牢地抓住宝宝，确保宝宝不会跌倒或从球上滑下来。为了确保宝宝对你的信任，要缓缓地滚动球。

婴儿按摩

宝宝一出生就会对触摸有反应。宝宝接收到的第一个"欢迎"讯号，就是你抱住他时的舒适感。为宝宝做按摩，可以让他享受你抚触的双手带来的愉悦。

所需材料：

- 毯子或毛巾
- 婴儿油

宝宝可以学到：
● 身体意识
● 触觉感受
● 社交互动

步骤说明：

1. 在柔软的地毯上再铺上一块毯子或毛巾。
2. 给宝宝脱掉衣服，让他趴在毯子上。
3. 在你的手上倒一些婴儿油，双手互搓使婴儿油变得温热。
4. 轻轻地按摩宝宝的脖子和肩膀，然后从胳膊向下到双手，再从背部往下到屁股，再往下到腿，然后是脚。按摩力度要适中，不要太用力，也不要太轻柔。
5. 帮宝宝翻身，再倒一些婴儿油，重复按摩一次。

衍生游戏：

你可以在哺乳、洗澡，或是在公园里坐坐的时候，随时按摩宝宝的一只脚或手，这时不用婴儿油。

安全贴士：

抚触要轻柔，以免造成任何刺痛。确定宝宝对你使用的婴儿油不会过敏。避免碰到宝宝的脸，以免婴儿油进入宝宝的眼睛。

泡泡浴

有些宝宝似乎不喜欢水，但对大部分宝宝来说，洗白白时间都是愉快的。在澡盆里加一些婴儿泡泡浴精，可以让洗澡时间变得更有趣。

所需材料：
- 柔软的浴巾
- 婴儿澡盆
- 婴儿泡泡浴精
- 毛巾

宝宝可以学到：
- 身体意识
- 语言发展
- 听力
- 感官刺激

步骤说明：

1. 在婴儿澡盆底部铺一条浴巾，防止宝宝滑倒。

2. 向澡盆里注入温水，并加入少量的婴儿泡泡浴精。

3. 把宝宝放进澡盆，随时抓紧他，让他信任你。

4. 让宝宝坐起来，使他安全地享受泡泡浴的乐趣，如果他喜欢的话，可以拍水。

5. 你可以一边念下面的儿歌，一边洗宝宝的身体各部位。

> 宝宝，宝宝（或名字）来洗脸，
>
> 洗完左脸（边）洗右脸（边）。
>
> 宝宝，宝宝来洗脸，
>
> 洗得干净真快乐。

6. 继续以"洗脖子"、"搓搓胸"、"擦擦背"、"洗胳膊"、"洗洗腿"、"擦脚趾"等来念这首儿歌。

衍生游戏：

你可以和宝宝一起洗澡，一边自己洗，一边帮宝宝洗。在浴缸里放一些玩具，或是用动物或玩偶形状的浴巾。

安全贴士：

洗澡时注意以下两点：让宝宝一直觉得很安全，不要让他滑倒或整个人浸到水里；水要一直保持温热，不要太热也不要太冷。

蜜蜂嗡嗡

宝宝从出生就利用他的感官开始学习。这个游戏将协助宝宝学会辨别声源位置，还能增加宝宝头部的灵活性和肌肉运动能力。

所需材料：

- 柔软的毯子
- 你的嘴巴
- 你的手指

步骤说明：

1. 让宝宝仰躺在一块柔软的毯子上。
2. 坐在宝宝旁边，让他可以清楚地听见你的声音。
3. 用手指慢慢靠近宝宝的身体，并模仿蜜蜂嗡嗡的声音。
4. 几秒钟后，用手指再碰碰宝宝，继续模仿蜜蜂嗡嗡的声音。
5. 反复几次，每次手指落在宝宝身体的不同位置。

宝宝可以学到：
● 头部和颈部的控制
● 确定声音和触摸来源的位置
● 肌肉的运动和控制
● 社交互动

衍生游戏：

你的头随着手指移动，让宝宝可以追踪声音。发出不同的嗡嗡声调，从高到低。让宝宝翻身趴着，然后再玩一次。这一次他看不见你的指头移动，因此将会等着蜜蜂嗡嗡带来的惊喜！

安全贴士：

碰触宝宝时，动作要轻柔，声音不要太大，以免宝宝受到惊吓。

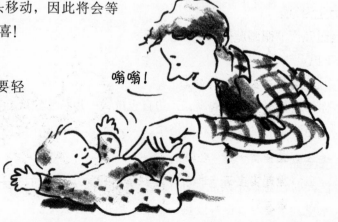

嗡嗡！

眼睛眨眨

教宝宝认识身体各部位，可以从认识脸开始。这个游戏可以协助宝宝认识他的鼻子、嘴巴和眼睛，并了解每一个部位的功能。

所需材料：

- 宝宝的脸
- 你的手指

步骤说明：

1. 让宝宝坐在你的大腿上，面对着你。
2. 碰触宝宝的身体部位，同时念下面的儿歌：

> 眼睛——眨眨（轻触眼皮），
>
> 眼皮——眨眨（轻触另一边的眼皮），
>
> 鼻子——闻闻（轻触鼻尖），
>
> 嘴巴——嘟嘟（轻触下嘴唇），
>
> 下巴——点点（轻轻将下巴往下拉），
>
> 脖子——转转（轻轻用手指滑下脖子），
>
> 肚皮——痒痒（轻轻用手指滑下肚子，轻轻地呵痒）。

3. 反复几次。

宝宝可以学到：
● 面部特征认知
● 触觉的乐趣
● 社交互动
● 了解身体各部位

衍生游戏：

玩过几次"眼睛眨眨"后，试试"下巴点一点"：

> 叩叩敲下门（轻轻敲宝宝的前额），
>
> 偷偷看一看（轻轻掀起宝宝某一边的眼皮），

11

轻轻打开门（轻轻将宝宝的鼻尖往上推），

然后走进去（用你的两根手指在宝宝的下唇上轻轻地走），

下巴点一点（轻轻开合宝宝的下颚）。

安全贴士：

触摸一定要很轻柔，否则这个游戏对宝宝来说就不好玩了！

手套脸谱

宝宝喜欢注视人的脸，所以眼睛、鼻子或嘴巴都会吸引宝宝的注意力，这个游戏就是根据这一点设计的。

所需材料：

● 线织手套

● 剪刀

● 你的手

● 水彩笔

宝宝可以学到：

● 专注度

● 面部特征认知

● 社交互动

步骤说明：

1. 将一只手套的指头部分剪掉。

2. 用水彩笔在手套的手掌部分画一张脸。眼睛和嘴巴要大，色彩要明亮而丰富。

3. 把手套套在你的手上。

4. 让宝宝坐在你的大腿上，并将手套上的脸谱转向他。

5. 现在，摆动你的手指，慢慢移动手掌上的脸谱，让宝宝和手套脸谱做朋友，一起唱歌、讲故事，或聊聊天。

衍生游戏：

制作立体的手套脸谱。在手套上缝或粘上会动的眼睛，用红色水彩笔画一张嘴巴，并加上一个绒球鼻子。

安全贴士：

假如宝宝捉住了手套脸谱，可能会立刻往嘴里放，所以要确保眼睛、嘴巴和鼻子都牢牢固定在手套上面。

快乐小鞋子

从出生的那一刻起，宝宝就开始学习控制胳膊和双腿，不过反射神经与缺乏协调性都会造成阻碍，我们可以用这个游戏来强化宝宝对肌肉的控制。

所需材料：

- 彩色婴儿毛线鞋
- 小铃铛，或会发出声响的较轻物品，也可以用柔软的彩色小玩具
- 针和线
- 柔软的毯子
- 宝宝的脚

> **宝宝可以学到：**
> - 手眼协调能力和脚眼协调能力
> - 肌肉控制
> - 解决问题的能力
> - 视觉跟踪能力

步骤说明：

1. 买几双彩色婴儿毛线鞋，最好是三原色（红、黄、蓝）或彩虹颜色的。
2. 在毛线鞋的顶端牢牢缝上小铃铛，柔软的彩色小玩具也可以。
3. 让宝宝仰躺在一张柔软的毯子上，并替他穿上毛线鞋。
4. 和宝宝一起欣赏他的新鞋子。

衍生游戏：

把小玩具缝在连指手套上，并把手套套在宝宝的手上。

安全贴士：

确定所有东西都安全地牢牢固定在毛线鞋或连指手套上，随时检查是否有松脱的迹象。千万不要把尖锐物品缝在上面，以免宝宝试图把它们放进嘴巴从而弄伤自己。请随时注意宝宝的安全。

神奇手套

　　每个宝宝都喜欢惊喜——只要这个惊喜很有趣而且不吓人！现在要介绍的是一个比较刺激的游戏，你可以利用"神奇手套"来和宝宝一起开心。

所需材料：

- 柔软的手套
- 柔软的动物玩偶，大小要跟手套差不多
- 针和线
- 婴儿椅或柔软的毯子

步骤说明：

1. 在手套的手背上缝一个柔软的小玩偶，戴上手套时，小玩偶可以立在你的手背上。
2. 把宝宝放进婴儿椅，或放在一张柔软的毯子上。
3. 戴上手套，把你的手四处晃动，让宝宝看见动物玩偶坐在你的手背上。
4. 一边晃动手一边发出动物的声音，吸引宝宝的注意。
5. 突然将手放在宝宝肚子上、腿上、胳膊上，或是其他身体部位，并笑着说："抓住了！"
6. 在这个身体部位轻轻地呵痒，接着再玩一次。

衍生游戏：

制作两只手套，一只手一只，增加趣味性。在手套和几个动物玩偶上缝上魔术贴，这样可以随时更换动物玩偶，保持游戏的趣味性。

抓住了！

安全贴士：

如果宝宝感到惊恐，请将动作放慢，说话语调要柔和。在玩游戏时，一定要保持笑容。

双手游戏

发展手眼协调能力需要时间，如果仔细观察宝宝，你会发现他已经开始懂得尝试运用一双小手。有趣的手指游戏可以协助宝宝发展肌肉运动的技巧。

所需材料：

- 柔软的毯子或婴儿椅
- 你的双手和宝宝的双手

> **宝宝可以学到：**
> - 手眼协调能力
> - 肌肉的运动和控制
> - 社交互动

步骤说明：

1. 让宝宝仰躺在一张柔软的毯子上，或是让他坐在婴儿椅上，然后你在他旁边坐下，让他看得见你。
2. 和宝宝玩双手游戏时，可以念一念下面的儿歌：

> 蛋糕师，拜托你（牵起宝宝的双手，把他的手掌对拍），
> 赶快为我烤蛋糕（重复拍手）；
> 揉一揉（揉宝宝的手），拍一拍（轻拍宝宝的双手）；
> 蛋糕上面画个1（在宝宝的手中间画一个"1"）。
> 放在烤箱里，
> 送给我的好宝宝（轻戳宝宝的肚子）。

衍生游戏：

可以在宝宝的脚上试玩这些游戏。

安全贴士：

玩的时候，握住或移动宝宝的手要轻柔。

快乐的脚

宝宝的脚是他最爱的玩具之一！对他来说，小脚既柔软又会摆动，而且想玩随时都能玩！同时，碰触脚时的感觉很奇妙！当你一边念儿歌一边碰触宝宝脚趾时，他会觉得非常有趣！

所需材料：
- 柔软的毯子
- 你的手指和宝宝的脚趾

步骤说明：

1. 将宝宝放在一张柔软的毯子上，跪在他身边，握住他的脚。

2. 选择以下任意一首儿歌：

> 这只小猪去市场（摇摇大脚趾），
> 这只小猪在家里（摇摇第 2 根脚趾），
> 这只小猪吃牛肉（摇摇第 3 根脚趾），
> 这只小猪肚空空（摇摇第 4 根脚趾），
> 这只小猪哼哼叫（摇摇小脚趾）。

> 一根摇摇（摇摇小脚趾），
> 两根痒痒（摇摇下一根脚趾），
> 三根吃吃笑（摇摇下一根脚趾），
> 四根钓一钓（摇摇下一根脚趾），
> 五根全吃掉（假装要吃掉宝宝的脚趾）！

衍生游戏：

用手代替脚来玩这个游戏。

安全贴士：

不要一直对宝宝的脚呵痒，过度呵痒会让宝宝不舒服。

宝宝可以学到：
● 身体意识
● 感觉的乐趣
● 语言发展
● 社交互动

魔镜

将宝宝抱到镜子前，让他看看自己。起初宝宝会对镜中的这个陌生人感到好奇，但是时间久了之后，他会很高兴在镜子里面看见自己！

所需材料：

● 镜子

● 一些道具，如帽子、毛巾、玩具娃娃

宝宝可以学到：
● 自尊
● 认识身体各部位
● 自我形象
● 认识环境

步骤说明：

1. 靠着墙放一面镜子。

2. 将宝宝抱在你的大腿上，靠近镜子。

3. 让宝宝触摸镜子。

4. 让宝宝向镜子挥手、扮鬼脸、摇头，等等。

5. 使用一些道具：把一顶帽子放在你或宝宝的头上，用一块毛巾盖住宝宝的头，或是拿一个玩具娃娃来照镜子。

6. 最后，在镜中指出宝宝身体的所有部位。

衍生游戏：

在地板上铺一张柔软的毯子，上面放一面不会破的安全镜子，让宝宝趴在镜子上，观察抬起头、手和脚时的景象。你还可以偷偷往镜子里望，让宝宝也可以看见你。

安全贴士：

确定镜子很安全地靠在墙上，以免它倒在宝宝身上。最好使用不会破的安全镜子。

嘴巴的音乐

你一定不知道，你的嘴巴其实可以代替全套的乐器！宝宝爱听各种声音，而你的嘴巴就可以演出一场完美的交响乐！

所需材料：

● 你的嘴巴、舌头、牙齿和嘴唇

> **宝宝可以学到：**
> ● 听觉辨别能力
> ● 声音模仿和语言发展
> ● 确定声源位置

步骤说明：

1. 把宝宝抱在你的大腿上，面对着你，让他可以看清楚你的脸。

2. 用你的嘴巴发出声音，如亲吻声、哑哑声、尖叫声、水流声及咕咕声，或者吹口哨、唱歌和哼曲子，还可以模仿动物的叫声，比如鸭子、狗、猫、马、牛、猪、小鸡、公鸡、猴子、蛇、小鸟、驴子、狼，等等。

衍生游戏：

使用一些道具来加强嘴巴的音乐，如笛子、口琴、玩具号角、扩音器（卷筒卫生纸芯），或是把草叶夹在你的两根大拇指间放到嘴里当口哨吹。

安全贴士：

你使用的任何乐器，拿给宝宝玩时一定要注意安全。千万不要发出太大的声音，否则可能会伤害宝宝的听力。如果有一种声音令宝宝感到困扰，就不要再发出这种声音。

音乐时刻

宝宝在子宫里时就可以听得见,但当时声音对他而言遥远而朦胧。在他出生后,声音就成了一种无法解释的吸引力。以下就是一个可以增强宝宝聆听技巧的游戏!

所需材料:

- 手提录音机和空白磁带
- 婴儿椅或柔软的毯子

宝宝可以学到:

- 听觉辨别能力
- 确定声源的位置

步骤说明:

1. 用录音机录下各种声音,每种各录几分钟,包括常听见的杂音,比如你家宠物狗的叫声、爸爸下班回家的声音、门铃声和电话铃声,以及婴儿床边的音乐转铃和其他会发出声响的玩具声音等。此外,还要包含一些不常听见的声音,例如做饭的声音、动物的吵闹声等。

2. 把宝宝放在一张柔软的毯子上,或是让他坐在婴儿椅上。让周围环境尽可能保持安静。用录音机播放为宝宝录下的声音。

3. 每次放出新的声音时,注意他的反应,简单地为他介绍各种声音。

衍生游戏:

录下家人的声音,从你的声音开始,念一段儿歌或唱一首歌,接着是其他熟悉的人,如爸爸、兄弟姐妹和朋友。加入一些不熟悉的声音,或是偶尔改变你的嗓音,增加声音的多样性。

安全贴士:

如果宝宝似乎受到惊吓,就将录音机的音量调小,亲自模仿这些声音,减少宝宝的恐惧感。

躲猫猫

　　一个简单的"躲猫猫"游戏可以让宝宝学习许多东西，例如消失又再出现的"物体恒存"观念！

所需材料：

● 你的脸

● 手帕、毛巾，或是其他小块的布

宝宝可以学到：
● 预期能力
● 因果推理能力
● 认知能力／思维能力
● 情绪表达
● 物体恒存性
● 社交互动

步骤说明：

1. 将宝宝抱在你的大腿上，面对着你。

2. 对宝宝说话、微笑或是扮鬼脸，吸引他的注意。

3. 一旦你吸引了宝宝的注意力，就用手帕盖住你的头和脸，使他看不见你。

4. 过几秒，移开手帕，并且露出一个大大的笑容，说："妈妈在这里！"

5. 重复进行几次。

衍生游戏：

这次换成盖住宝宝的脸。过了几秒钟再移开手帕，并说"在这里！"或是让宝宝自己移开手帕。如果喜

在这里！

欢的话，也可以改成盖住玩具娃娃的脸，让你们两人一起玩这个游戏。更进一步，可以在镜子前面玩这个游戏，宝宝可以同时看到许多张脸。

安全贴士：

放在宝宝头上的布质地要轻，才不会让他受到惊吓或是呼吸困难。不要将布留在他脸上太久。你可以一再重复这个游戏，在宝宝成熟到了解基本观念之前不要变化花样，避免造成他的困惑。

降落球

宝宝出生后的几个月喜欢用眼睛注视周遭的世界。灯光、色彩和移动的物体都能吸引宝宝的注意力。你可以和他玩玩这个有趣的游戏。

所需材料：

● 柔软的毯子

● 不同大小的彩色绒球

● 椅子

步骤说明：

1. 让宝宝仰躺在柔软的毯子上。

2. 在宝宝附近放一张椅子，不要太高，使你坐下来可以靠近他。

3. 手握一颗大绒球，悬空在宝宝的肚子上方，用你的声音吸引宝宝的注意力。

4. 当宝宝注意到绒球之后，说"球球降落喽"，接着放手让绒球掉落到宝宝的肚子上。

5. 给宝宝一个微笑，让他知道你们是在玩。

6. 用较小的绒球重复游戏。

宝宝可以学到：
● 预期能力
● 手眼协调能力
● 社交互动
● 视觉跟踪能力及敏锐度

衍生游戏：

从屋子里搜集质轻而色彩丰富的物品来取代绒球，比如柔软干燥的海绵、羽毛、纸球、小布块或柔软的小玩具，等等。

安全贴士：

所有的物品一定要又轻又软，宝宝才不会受伤。如果这个游戏让他感到害怕，就不要玩下去。把物品移向宝宝的肚子时速度要缓慢，不要落向他的脸。在玩的时候要一直对宝宝微笑，让游戏保持趣味。

文身贴纸

宝宝一出生就具有一定视觉技巧，他会马上打量四周的一切。到 3 个月大时，他会比较喜欢明亮的色彩、强烈的对比和有新鲜感的东西。

所需材料：

● 你的脸
● 色彩鲜艳的贴纸

宝宝可以学到：

● 手眼协调能力
● 专注度
● 视觉跟踪能力

步骤说明：

1. 坐在地板或一张舒服的椅子上，膝盖弓起。把宝宝放在你的大腿上，面对着你，用你的大腿支撑他的头和身体。

2. 对宝宝说话、扮鬼脸，让他好好地瞧一瞧你的脸。

3. 在你脸上的某处——脸颊、前额、下巴、鼻子——贴一张彩色贴纸，同时注意宝宝的反应。

4. 过一会儿，把贴纸移到你脸上的其他部位，注意宝宝多久可以找到贴纸。

5. 为了增加趣味，可以把一张贴纸粘在你的舌头上藏在嘴里（注意可不要吞下去了），然后伸出你的舌头，让宝宝看看这个惊喜贴纸。

6. 把贴纸贴在你的眼皮上，接着闭上眼睛，让宝宝看贴纸。

7. 将贴纸贴在两颊，用你的手遮住脸颊，然后玩"躲猫猫"，露出藏起来的贴纸。

衍生游戏：

把贴纸贴在宝宝的双手侧面，注意他发现时的反应。看看宝宝是否能调整他的双手动作以找出这些贴纸。这是自我认知的开始。

安全贴士：

要确定宝宝不会把贴纸放进嘴里吞下去。

翻身

宝宝需要几个月的时间来学会完全控制自己的身体动作，在他出生后的最初几个星期，你可以用这个游戏来协助他。到了 4 ～ 6 个月大的时候，宝宝就能很熟练地翻身了。

所需材料：
- 柔软的毯子或毛巾
- 铺着柔软地毯的地板

步骤说明：
1. 在柔软的地毯上铺上一块柔软的毯子或毛巾。
2. 让宝宝仰躺在毯子上。
3. 拿起毯子的一端，缓缓拉起，让宝宝身体倾斜。
4. 慢慢地帮宝宝翻身，一边做一边对他说话，同时用一只手帮忙停住他或引导他。
5. 宝宝翻过身的时候，表现出你的愉悦。
6. 重复动作直到宝宝厌倦这个游戏为止。

衍生游戏：
把毯子换成你的手。试着将胳膊放在宝宝的腰际，帮宝宝翻身。

安全贴士：
一定要缓慢地翻动，并且一只手搁在宝宝身上，好让他不会因为翻滚得太快而受伤。

宝宝可以学到：
● 方向感
● 移动
● 肌肉控制

肚子说话了

在宝宝说出第一句话之前，他就已经开始学习语言了。除了对宝宝说话之外，可以玩玩这个小游戏，让说话和语言变成一种感官体验！

所需材料：

- 你的嘴巴
- 柔软的毯子

步骤说明：

1. 脱掉宝宝的衣服（尿布可脱可不脱），让他仰躺在毯子上。
2. 跪坐在宝宝身旁，和他说说话，然后轻轻摩擦他的肚子。
3. 接着把你的脸和嘴唇压到宝宝肚子上，然后说话、唱歌、念儿歌，音调和音量要尽量有变化。
4. 每当你说完的时候，就亲他几下。
5. 每一次游戏结束时，坐起来对宝宝微笑，在你们玩的时候宝宝应该会咯咯笑，并且期望再玩一次。

宝宝可以学到：
● 身体意识
● 语言发展
● 感觉动作开发
● 社交互动

衍生游戏：

在宝宝的肚子上发出好玩的声音，如动物叫声、摩托车的引擎声、滴答声、喷气及吹气的声音，等等，还可以给宝宝呵痒。

安全贴士：

说话不要太大声，以免吓到宝宝。如果玩的时候你把宝宝的衣服和尿布全部脱掉，就要记得在手边放好尿布，以防他突然小便。

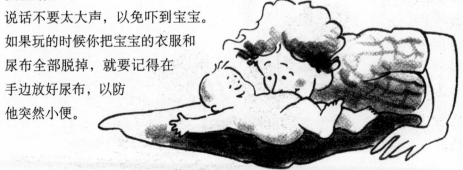

扭扭虫

当宝宝的脚踩到硬物表面时，他就会做出迈步的动作，这被称为"踏步反射"，你可以利用这种反射动作来帮宝宝练习爬行。

所需材料：

- 铺着柔软地毯的地板
- 彩色的玩具

宝宝可以学到：

- 因果推理能力
- 肌肉控制
- 爬行前期练习

步骤说明：

1. 让宝宝趴在柔软的地毯上。
2. 距离宝宝头部 10 厘米的地方放一个彩色的玩具，吸引他的注意力。
3. 坐在宝宝后面，用你的腿或手贴紧他的脚掌，宝宝会用脚去推，从而使身体向前推进几厘米，靠向玩具。
4. 移动玩具，并继续把手掌贴住宝宝的脚，让他在地板上向玩具前进。

衍生游戏：

用一块板子或其他坚硬物体贴紧宝宝的脚掌。

安全贴士：

小心，不要让宝宝移动得
太快，也不要让他太
靠近玩具，
否则他
可能会
用他的
头去撞
玩具。

3～6个月

　　在这个阶段，宝宝将开始通过五感学习。宝宝出生后最强的感觉就是听觉与嗅觉。他可以辨识出妈妈的声音，很快也会认得爸爸的声音，他还可以区分各种熟悉的声音，像是爸爸将钥匙插入门锁的声音、狗吠声，还有门铃声。他能凭借气味辨认出妈妈，任何一个闻起来不像妈妈的人递过来的奶瓶，通常他都不会接！

　　宝宝的触觉很快也会开始发展。从一出生，他就喜欢被抱着，也喜欢按摩，通过拥抱和肢体接触，宝宝的身心也会迅速发展。幸运的是，宝宝对于疼痛的记忆并不长久，所以即使你不小心用尿布别针刺到他，他也会很快原谅你。

　　视觉和味觉是两种发展相对较慢的感觉。宝宝早期视力非常弱，但是到1岁之前，他就可以拥有正常的视力了。宝宝喜欢注视有趣的事物，相对于图案而言，他更喜欢看人的脸，尤其是婴儿的脸。刚出生的时候，假如你把手指举在宝宝面前25厘米左右的地方，他的目光就会跟着手指移动，到了3个月大的时候，他就可以看到更远的事物。

　　宝宝会把任何东西都放进嘴巴里——但是其中探索的成分高过品尝味道。他会把东西放入口中，以舌头与嘴唇来感觉，借此进行学习。他只用嘴巴就可以分辨物体的冷热、粗细、软硬，以及大小，但是到这个阶段的末期才可以开始吃婴儿食品。所以在这段时间，就让宝宝单纯用嘴巴来学习、喝母乳或配方奶吧。晚一点再让他吃婴儿食品。

　　在这一章中，我们设计了许多刺激五感发育的游戏，请和宝宝一起享受游戏的乐趣，帮助他快快成长。

PLAY & LEARN

名字歌

名字歌随时都可以唱,例如半夜宝宝睡醒,需要有人哄他继续睡觉的时候。而且,别担心,这个游戏不需要任何歌唱天分!

所需材料:

- 你的声音
- 你熟悉的歌曲

宝宝可以学到:
● 语言发展
● 听力
● 社交互动

步骤说明:

1. 确定宝宝很舒适,而且在听得到你说话的范围内——他可以躺下来,也可以在汽车安全座椅或你的大腿上坐下来。最好让宝宝面对着你,这样他就可以注视着你的脸。

2. 选一首你熟悉而且喜欢的歌曲,例如《摇篮曲》,以抒情的声调为宝宝唱出来,并把歌词里所有的"宝贝"换成宝宝的名字。

3. 也可以试试其他你熟悉的歌,在歌词中适时加入宝宝的名字。

衍生游戏:

歌词中也可以加入家人、宠物、宝宝的玩具等,让宝宝高兴,并学习新的语言。

安全贴士:

尽量不要唱跑调,否则你可能会伤害宝宝对音乐的鉴赏力哦!
(我只是开玩笑。)

宝宝坐公交车

现在是宝宝的锻炼时间！一边念儿歌一边运动宝宝的双腿，帮助宝宝拥有优美体态，赶快开始吧！

所需材料：

● 柔软的毯子或毛巾

● 你的声音

步骤说明：

1. 让宝宝仰躺在一条毯子或毛巾上。

2. 脱掉他的衣服（尿布可脱可不脱）。

3. 念下面这首儿歌：

> 公交车的轮子转圈圈，转圈圈，
>
> 一圈又一圈，一圈又一圈，
>
> 公交车的轮子转圈圈，转圈圈，
>
> 转过大街小巷(念这前4句的时候，帮宝宝的腿做出蹬自行车的动作)。
>
> 公交车的乘客上上下下（把宝宝的胳膊抬起又放下），
>
> 公交车的雨刷左左右右（把宝宝从一侧翻到另一侧），
>
> 公车的喇叭，叭，叭，叭，叭（轻轻点点宝宝的鼻子）。

宝宝可以学到：
● 语言发展
● 肌肉的运动和控制
● 体能

衍生游戏：

可以给儿歌加上更多内容，同时增加更多的身体部位。

安全贴士：

对宝宝的动作要轻柔。

乘小船

宝宝变得更健壮、更好动以后，跟他玩玩这个有趣的游戏。带着宝宝在屋子里四处"乘船"游览，让宝宝看见一个全新的世界。

所需材料：

- 两条柔软的小毯子或大毛巾
- 大片平滑的地板

宝宝可以学到：

- 平衡能力
- 探索能力
- 视觉刺激

步骤说明：

1. 将两条柔软的小毯子或大毛巾上下叠在一起，铺在柔软的地面上。
2. 让宝宝仰躺在毯子上。
3. 抓住毯子一角，缓缓地拉着宝宝在屋子里四处走。
4. 在你从一个房间移动到另一个房间时，和宝宝说一说你看到的东西。

衍生游戏：

让宝宝趴在毯子上，使他的视野有所不同。要用小枕头或柔软的玩具在他的胸部加以支撑，使宝宝更加舒适。

安全贴士：

假如宝宝仰躺在毯子上，要在他的头部下方多垫一些物品，移动毯子时要非常缓慢，小心沿路凸起的东西和危险物品。

宝宝飞起来

当宝宝的认知越来越丰富时，他会想多看看四周的一切。把他抱高，让他鸟瞰四周，并且当他在空中"飞翔"时唱歌给他听。

所需材料：

- 强壮而安全的双手
- 可让宝宝观看的有趣物品，室内或户外的都可以

宝宝可以学到：

- 平衡能力
- 头部与身体的控制
- 视觉跟踪能力与深度知觉

步骤说明：

1. 像托着足球一样将宝宝托在胳膊上，或是像端着大盘子一样横放在你的双手上。

2. 将他举上举下，转圈，让他从这些新的高度来看世界。当你把宝宝举上空中的时候，可以唱《我是只小小鸟》：

> 我是只小小鸟，
>
> 飞就飞，叫就叫，
>
> 自由逍遥，
>
> 我不知道有忧愁，
>
> 我不知道有烦恼，
>
> 只是爱欢笑。

衍生游戏：

唱任何一首适合肢体动作的歌。如果你喜欢，也可以自创歌曲以配合动作。

安全贴士：

抱牢宝宝，让他有安全感，而且在"飞行"时不要让他掉下去。

钓鱼

不论是大小孩还是小小孩都喜欢玩钓鱼的游戏。当宝宝懂得利用技巧来解决问题，取得他想要的东西时，他会立刻爱上这个游戏。

所需材料：

- 约 1 米长的绳子
- 彩色的玩具
- 胶带
- 桌子

> **宝宝可以学到：**
> - 预期能力
> - 因果推理能力
> - 物体恒存性
> - 解决问题的能力

步骤说明：

1. 将绳子的一端绑在彩色玩具上。

2. 绳子拉直放在桌上，玩具要垂吊在桌子下方、视线看不见的地方。

3. 把绳子的另一端用胶带固定在桌子边。

4. 让宝宝坐在你的大腿上，面对桌子和绳子。

5. 撕掉胶带，并让宝宝捉住绳子的这端。

6. 给宝宝时间去熟悉绳子。

7. 鼓励宝宝拉绳子，你可以说些话来引导他："那是什么？""玩具在哪里？"
   当宝宝拉绳子，玩具出现在桌子另一端时，宝宝会非常惊喜。

8. 看看宝宝是否知道如何把玩具弄到手。

衍生游戏：

不要把玩具藏起来，将它放在视线之内，让宝宝试试如何利用绳子来拿到玩具。

安全贴士：

要一直注意宝宝，以免他被绳子缠住。

摘掉帽子

当宝宝学会辨识不同面孔后，你就可以和他玩这个游戏了。他很快就能认出你，不过他也会喜欢摘掉帽子，然后再把它戴回去的乐趣！

所需材料：

- 各种帽子
- 婴儿椅

宝宝可以学到：
● 因果推理能力
● 克服陌生人焦虑
● 物体恒存性
● 社交互动

步骤说明：

1. 搜集家里各种帽子，或是从二手商店买各种便宜的帽子，如棒球帽、线织帽、消防帽、小丑帽、遮阳帽、草帽、浴帽，甚至彩色的羽毛帽（千万不要戴面具，这个年纪的宝宝很容易被面具吓到）。
2. 让宝宝坐在婴儿椅上，你坐在他对面。
3. 把第一顶帽子戴在你头上，然后说："看，我是消防队员！"同时扮个鬼脸。
4. 靠向你的宝宝，让他可以抓住帽子，把帽子拉掉，或是你自己摘掉帽子。
5. 用一顶帽子反复玩几次，再换另一顶帽子。

衍生游戏：

在你和宝宝的头上各戴一顶帽子，并且一起照照镜子。

安全贴士：

有时候，你的外貌稍有改变，宝宝就会受到惊吓。如果宝宝开始变得沮丧，那么戴上帽子后要很快把它摘掉，让宝宝知道你还是妈妈或爸爸。如果他还是很沮丧，那就过一阵子再玩这个游戏。

踢一踢

这是一个对你和宝宝都很有挑战性的游戏，同时也是一项很好的运动，可以帮助宝宝运动双腿，增加肌肉力度和协调性，而且也很有趣。

所需材料：

- 塑料大沙滩球或其他塑料球，直径约 60～90 厘米
- 铺着柔软地毯的地板

宝宝可以学到：
● 因果推理能力
● 协调性
● 粗大运动技能

步骤说明：

1. 让宝宝仰躺在柔软的毯子上。
2. 把宝宝的双腿拉到空中。
3. 在宝宝脚上放一个球，并在宝宝踢脚时，试着让球保持在空中。
4. 当宝宝踢脚的时候，转动球，并且试着将球尽量保持在宝宝脚上转动。

衍生游戏：

从较低的地方放开球，让它掉落到宝宝双脚上，看看他能不能踢到球，一直试到他成功踢到球或是失去兴趣为止。如果成功了，要记得夸奖宝宝。

安全贴士：

确定宝宝躺的地方非常柔软，因为当他踢的时候可能会因为过度兴奋而撞到地板上。注意不要让球碰到宝宝的脸，否则会让宝宝吓一跳，而且产生厌恶感。

小车子

宝宝可以靠着东西坐起来时，就可以玩这个游戏了。他会很喜欢这趟"乘车"旅行，也很享受一边欣赏四周风景，同时有你为伴的快乐。一切只需要一个简单的硬纸箱！

所需材料：

● 硬纸箱，大小约为 60 厘米 ×45 厘米 ×30 厘米

● 柔软的毯子或毛巾

● 约 2 米长的绳子

宝宝可以学到：
● 平衡能力
● 头部和颈部的控制
● 视觉跟踪能力

步骤说明：

1. 找一个大小合适的纸箱。注意让宝宝坐进去以后，箱子可以整个包住他。裁下箱子过高的部分，一方面让宝宝得到支撑，另一方面宝宝可以越过箱子顶部看到外面。

2. 在箱子正前方的一面打两个洞。

3. 将绳子两头分别穿过两个洞，并且牢牢地打个结。

4. 把毯子或毛巾垫在纸箱里，让宝宝觉得舒适，同时还能得到支撑。

5. 抓住绳子，轻轻地拉着小车里的宝宝，在屋子里四处转转或去院子里走走。

衍生游戏：

把箱子画成小火车头，或飞机、汽车、船等其他宝宝喜欢的交通工具，增加游戏的趣味性。

安全贴士：

拉箱子的时候一定要慢，宝宝脆弱的颈椎才不会受伤，也不会因为突然的移动而受到惊吓。小心避开阶梯与不平的地面。

动一动，摇一摇

将宝宝手脚的动作变成有声音的交响乐，宝宝很快能学会如何摆动手脚制造这些声音。

所需材料：

● 弹性发圈或其他有裹布的小橡皮圈，发圈圆形直径约 3～5厘米

● 针和线

● 铃铛、小拨浪鼓或其他会发出声响的小物品

● 婴儿椅或柔软的毯子

宝宝可以学到：
● 听声辨位能力
● 因果推理力
● 控制肌肉

步骤说明：

1.把铃铛、小拨浪鼓或其他会发出声响的小物品缝到发圈圆形的外侧。

2.让宝宝仰躺在婴儿椅或柔软的毯子上。

3.把发圈套在宝宝的手腕或脚踝上。

4.看着宝宝摇摇手、踢踢腿，观察宝宝如何摇动四肢发出声音。

衍生游戏：

把这些能制造声响的小物品缝到宝宝的小袜子或连指手套上，然后让宝宝穿上袜子或戴上手套。

安全贴士：

确定发圈上的小物品缝得牢牢的，不会脱落而被宝宝误食。不要缝上坚硬、有尖角或锐边的物品。

布偶游戏

宝宝现在已经能够玩更复杂的布偶游戏了！请运用想象力，根据你最喜爱的童话，创造一系列的布偶人物。我选了《王老先生有块地》来示范。

所需材料：

- 手套
- 5 种颜色的小绒球：肉色、粉色、黑色、黄色、白色
- 强力胶
- 10 颗黑色小珠子
- 彩色小布片

> **宝宝可以学到：**
> - 语言发展
> - 社交互动
> - 视觉跟踪能力

步骤说明：

1. 准备 5 个小绒球——肉色扮农夫、粉色扮小猪、黑色扮牛、黄色扮小鸡、白色扮山羊。把这些绒球粘到手套的手指上（手掌那一面）。
2. 粘上黑色小珠子作为眼睛，再用彩色小布片为小猪加上一个粉红色的鼻子，为牛加上牛角，为小鸡加上黄色的羽毛，再为山羊加上小羊角。
3. 等强力胶干透。
4. 让宝宝坐在婴儿椅上或是你的大腿上，面对着你。
5. 戴上手套，唱《王老先生有块地》，每当你提到一个角色时，就摆动相应的手指。

衍生游戏：

歌曲改为《三只小猪》，并用 3 颗粉色绒球代表小猪，1 颗黑色绒球代表狼。你还可以加上一颗白色绒球代表披着羊皮的狼，并自编一段相应的歌曲。

安全贴士：

确定绒球和其他零件都粘得很紧，千万别让宝宝把手套放进嘴巴里。

抓住再松开

宝宝出生几个月以后，就会本能地抓住物品，但是要他松手却有点难。这个游戏可以协助他更善于控制手和抓握的能力。

所需材料：

- 宝宝可以轻易抓住的小玩具，例如摇铃、填充动物玩具、牙咬胶、积木，等等
- 桌子或婴儿高脚椅

宝宝可以学到：
● 精细运动技能
● 运动控制

步骤说明：

1. 搜集各种适合宝宝手掌大小的小玩具。
2. 让宝宝坐在你的大腿上，靠近桌子边，或是坐在婴儿高脚椅上。
3. 放一个小玩具在宝宝的面前，宝宝必须往前移动一点才能抓住它。
4. 鼓励他去拿玩具。
5. 在他抓住玩具并玩了一会儿之后，轻轻拉开他的手指，把玩具拿走。
6. 把玩具放回桌子上，等他再去抓。

衍生游戏：

不要太用力拉开宝宝的手指，你可以拿另一个玩具吸引他的注意，因为当宝宝伸手抓第二个玩具时，就会放掉第一个玩具。如果他不小心把玩具从手里掉落，你可以说："哎呀！玩具掉了！"然后捡起玩具，看看宝宝是不是会再重复抓起和掉落的动作。

安全贴士：

这个阶段的宝宝喜欢把东西往嘴里放，所以宝宝的玩具一定要干净而且没有尖角。

袜子玩偶

随着宝宝的视觉发展，他逐渐可以看清较远的东西。你可以在喂奶、换尿布以及游戏时间和宝宝玩这个游戏，训练宝宝的专注度和视觉跟踪能力。

所需材料：

- 干净的白袜子
- 水彩笔

步骤说明：

1. 买一双白袜子，大小要可以套在你的手上。

2. 用水彩笔在袜子的趾尖上画上眼睛、眉毛、鼻子、耳朵，在脚后跟上画出嘴巴，并画上红色的舌头，做成袜子玩偶。

3. 把宝宝放在婴儿椅或是你的大腿上。

4. 将一个袜子玩偶套在你的手上，对宝宝唱歌、念儿歌或和宝宝聊天。可以在另一只手上也套上一个袜子玩偶，让游戏更有趣。

宝宝可以学到：
● 语言发展
● 社交互动
● 视觉敏锐度

衍生游戏：

用宝宝的袜子做出一套小袜子玩偶，在玩这个游戏时，将小袜子玩偶套在宝宝的小手上。还可以在袜子上缝上珠子眼睛、绒球鼻子、布块嘴巴和舌头，以及纱线头发，做出立体玩偶。

安全贴士：

如果你要做立体玩偶的话，要确保所有零件都缝得很牢，而且千万别让宝宝把袜子放进嘴里。如果你用水彩笔画玩偶，因为墨水可能会脱落，所以别让宝宝用嘴吸袜子。

骑小马

宝宝的脖子越来越有力，头部控制也逐渐增强，所以你可以带他玩一些温和的"骑马"游戏。选择一首宝宝喜爱的儿歌，陪他一边骑一边念。

所需材料：

- 你的膝盖
- 柔软的小毯子或毛巾

宝宝可以学到：

- 平衡能力
- 头部和颈部的控制
- 语言发展
- 社交互动

步骤说明：

1. 在你的膝盖上放一条柔软的小毯子或毛巾，增加宝宝的舒适感。
2. 让宝宝面对你，坐在你的膝盖上，你抓住他的胳膊作为支撑。
3. 一边念儿歌，一边轻轻地让宝宝上下颠。
4. 一首儿歌重复几次，再换另一首儿歌。

衍生游戏：

让宝宝背对你，再玩一次。

安全贴士：

不要让宝宝太兴奋，而且要一直抓住他，以免他摔下去。

淋浴时间

让宝宝通过感觉来扩大视野，并协助他认识周遭环境。水的游戏能提供完美的感觉神经刺激，因此，把洗澡时间变成游戏时间吧！

所需材料：

- 叉子
- 塑料瓶，最好是矿泉水瓶
- 婴儿浴盆或普通的浴缸

宝宝可以学到：

- 享受环境
- 感官开发
- 社交互动

步骤说明：

1. 用叉子把塑料瓶的底部与侧面戳出洞，每两个洞的距离大约为 2.5 厘米。
2. 把宝宝放进婴儿浴盆，或者和宝宝一起进入大浴缸里。
3. 在塑料瓶内装满温水。
4. 把瓶子拿高，让宝宝可以看见水怎样从洞中喷出来。
5. 把瓶子抬高到宝宝的身体上空，让水轻柔地洒在他身上。
6. 如果宝宝喜欢的话，把瓶子放在他头的上方，假装下雨了！

衍生游戏：

用塑料瓶玩其他有关水的游戏。任何一只塑料瓶都可以做成很好的喷水器，浇花用的洒水壶也是不错的选择。

安全贴士：

尽量不要把水弄进宝宝的眼睛里，尤其是水中混有肥皂泡的时候。如果宝宝不喜欢脸被弄湿，就只把水洒在他身上。

骑大马

你可以带宝宝去骑马，但是不必离开家！你的身体可以当宝宝的交通工具，你的嗓子可以模仿各种声音。所以，让宝宝跨上马鞍，沿着马场漫步吧！

所需材料：

- 舒适的椅子
- 你的腿
- 小毛巾

宝宝可以学到：
● 平衡能力
● 头部控制
● 肌肉控制
● 社交互动

步骤说明：

1. 脱掉你的鞋子，坐在一张舒适的椅子上，双腿交叉。
2. 在你的脚踝上放一条小毛巾。
3. 让宝宝面对着你坐在小毛巾上，双臂向前伸展。
4. 握住宝宝的双手，轻轻上下移动你的腿，让宝宝骑在上面。你可以一边摇动，一边唱歌给宝宝听。

衍生游戏：

让宝宝坐在你的膝盖上，上下移动你的腿，模仿骑马的感觉。还可以让宝宝背对你，看看周围环境。

安全贴士：

千万不要晃得太厉害，动作要缓慢、温和，以免伤害宝宝脆弱的颈椎。

手电筒游戏

这个游戏能够强化宝宝的视觉技巧，可以在宝宝临睡前，或是安抚宝宝的时候玩。

所需材料：

- 黑暗的房间
- 手电筒

宝宝可以学到：
• 因果推理能力
• 深度知觉
• 环境认知
• 视觉跟踪能力

步骤说明：

1. 找一间没有光线的黑暗房间，抱着宝宝坐在椅子或地板上。
2. 打开手电筒，把光柱投射到墙壁上。
3. 跟宝宝说话，引起他对灯光的注意，如："你看，亮亮的！"
4. 缓缓地将光柱四处移动，停在有趣的物体上。
5. 当物体被照亮的时候，说出那个物体的名字，例如："那是你的泰迪熊！"
6. 继续移动光柱，直到宝宝失去兴趣为止。

衍生游戏：

帮助宝宝自己握住手电筒，看看他是否知道如何使光柱移动，或是给他一个属于他自己的手电筒。

安全贴士：

不要把手电筒正对着宝宝的眼睛。如果宝宝怕黑，可以另外打开一盏小夜灯。

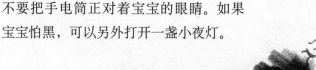

蜘蛛爬呀爬

呵痒的游戏越玩越有趣,这个游戏可以帮宝宝进一步熟悉他的身体,并享受和别人互动的乐趣。

所需材料:

- 婴儿椅或你的大腿
- 你的手指

步骤说明:

1. 脱掉宝宝的衣服(尿布可脱可不脱)。
2. 把宝宝放在婴儿椅或你的大腿上。
3. 念下面的儿歌,同时配合手指动作。

> 可爱的蜘蛛爬上墙(你的手指在宝宝的胸部至下巴部位移动),
>
> 哗啦哗啦下大雨,冲走了蜘蛛(你的手指在他的胸部划动,就像雨在下一样),
>
> 太阳出来,晒干了雨水(轻拍宝宝的肚子),
>
> 可爱的蜘蛛又爬上墙(你的手指再度在宝宝的胸部移动)。

4. 反复这个游戏,每次速度都加快一点。

宝宝可以学到:
● 活动参与
● 身体意识
● 感官刺激
● 社交互动

衍生游戏:

用一个柔软的小玩具来代替你的手指,最好是蜘蛛玩偶。如果是别的动物玩偶,就将儿歌中的"蜘蛛"改成那种动物的名字。

安全贴士:

不要呵痒呵得太过分,否则宝宝会不高兴,甚至会生气。

香蕉游戏

这个时候的宝宝开始会用他胖胖的小手指捡起一些小物品。玩一玩这个游戏，可以帮宝宝学习独立，练习精细运动技能。

所需材料：

- 围兜
- 旧报纸
- 婴儿高脚椅
- 香蕉

宝宝可以学到：
● 独立自主
● 精细运动技能
● 自助技能

步骤说明：

1. 给宝宝围上围兜。
2. 在婴儿高脚椅下铺几张旧报纸。
3. 让宝宝坐在婴儿高脚椅上，把托盘固定好。
4. 把一根香蕉分成几小块，放在宝宝专用的碗盘里。
5. 让宝宝用他的双手、脸以及嘴巴去了解香蕉的特性。

衍生游戏：

试试各种柔软的食物，如熟桃子（去核）、燕麦粥或是土豆泥。

安全贴士：

宝宝吃香蕉的时候，要一直待在他旁边，确保他不会噎着。

45

宝宝坐起来

宝宝有与生俱来的两种本能——抓握能力，以及一坐起来就会睁开眼睛的反射动作，它们很快就会消失。你可以在这两种本能反应还没有消失前玩这个游戏，对其善加利用。

所需材料：

- 柔软且不会打滑的表面
- 你的双手

步骤说明：

1. 让宝宝躺在柔软而且不会打滑的东西上，如一块地毯。
2. 坐在宝宝脚边，面对着宝宝。
3. 把你的双手大拇指放在宝宝的手掌中，让他抓紧，再用你的手指裹住宝宝的手背。
4. 轻轻拉起宝宝，让他由平躺慢慢变成坐姿，并对宝宝说："宝宝（或他的名字）坐起来。"
5. 宝宝坐起来后，你们面对面地交流几秒，再让他躺回去，重玩一次。

> **宝宝可以学到：**
> - 活动参与及惊喜
> - 抓握能力
> - 头部和颈部的控制
> - 社交互动

衍生游戏：

帮宝宝坐起来，然后让宝宝紧紧抓住你的双手大拇指，拉他慢慢站起来。这是练习宝宝腿部力量的好游戏。

安全贴士：

一定要握住宝宝的双手，缓缓移动，以免宝宝的颈椎受伤。

水中摇摆

随着宝宝的发育与成长，他的五感将帮助他进一步了解自己和周围的世界。浴缸里的游戏可以提供全方位的感官体验，还有许多乐趣！

所需材料：

- 浴缸
- 你的双手

宝宝可以学到：
● 肌肉控制
● 感觉开发
● 社交互动
● 环境认知

步骤说明：

1. 给宝宝放一缸温水（如果你要和宝宝一起玩水的话，就放两人份）。
2. 慢慢地将宝宝放进水里，让他习惯一下。
3. 轻轻地给宝宝淋水，让宝宝慢慢熟悉水的特性。
4. 用双手牢牢抱住宝宝的肚子，缓缓在水面来回移动，模仿汽艇的声音。宝宝的头一定要在水面之上。
5. 在浴缸每"游"完一个来回，就让宝宝休息几分钟。

衍生游戏：

让宝宝仰躺，然后反复玩这个游戏。或是放一些玩具在水中，把宝宝移向它们，快碰到这些玩具时再把他移开。

安全贴士：

宝宝的头部一定不能浸到水里，同时他的脸、眼睛和嘴巴也不要沾到水。确定水温不会太高或太低。

47

6～9个月

　　当宝宝学会控制他身体各个细微部位——从头到脚，从胸部到手指与脚趾——的时候，他就会整天停不下来。经过不断练习，宝宝很快就学会了坐、爬，甚至会站。同时，他抓握东西的动作也越来越精细、准确，从用整个手掌去抓变成用食指与大拇指去捡。

　　宝宝还是喜欢把东西放进嘴里，不过他的抓握、放手或抛掷等动作做得更好了，而且渐渐能准确地把食物放进嘴巴里。在你开始喂宝宝吃辅食时，多给他机会练习如何握住勺子和杯子，让他学习自己吃东西。当然，刚开始时一定是一团混乱，但是很快宝宝就能够学会自己吃东西，而且也不会把餐桌弄得乱七八糟。

　　宝宝开始会倾听你说话，并且试着进一步了解语言的意义，他听得懂一些经常听到的话，如"不"和"还要吗"，他也知道"爸爸"、"妈妈"和"狗狗"的意思，开始懂得利用肢体语言"说话"，如用手指东西或是挥手再见，也更能通过面部表情让别人了解他的需求。

　　当宝宝放开父母的手，开始独立爬行时，他会产生一种强烈的自我意识。但对宝宝而言，这是一段令他惊慌的时间，因为离开父母身边会让他心里产生不安的感觉，但是他愿意在你的监督下去自己探索环境。

　　宝宝喜欢和同龄的孩子一起玩，也喜欢和你一起玩，因此你应该为他提供各种与人互动的机会。他可能会因为独立而产生分离焦虑，你可以和宝宝玩一些游戏，陪他度过这段时光。

　　建立宝宝的自尊永远不嫌早！在你们玩本章中的游戏时，可以适时地帮一下宝宝，协助宝宝克服新的挑战，增强信心。如果宝宝有足够的能力，可以自己来，就不要打断他。

　　现在活动一下吧，快快跟上你那活力充沛的宝宝！

PLAY & LEARN

变变变

　　和宝宝玩个魔术，在宝宝的眼前把玩具藏起来！宝宝很快就会明白这是怎么回事，而且知道玩具并没有消失，还在你手里。

所需材料：

● 小玩具

> **宝宝可以学到：**
> ● 认知能力
> ● 手眼协调能力
> ● 物体恒存性

步骤说明：

1. 选一件能吸引宝宝注意的小玩具，要小得足以藏进你的手中。

2. 让宝宝仰躺着，给他看玩具。

3. 让宝宝拿着玩具玩几分钟。

4. 轻轻地从他手中拿走玩具，把玩具放在你的手掌上。

5. 把双手合起来，让宝宝看你合上的拳头。

6. 问宝宝：“玩具在哪里？”

7. 如果宝宝感到困惑的话，张开你的手，把玩具给他看，同时说：“玩具在这里！”

8. 重复这个游戏，变换左右手和不同的玩具。

衍生游戏：

在你的指甲上涂上彩色指甲油，或是用水彩笔画上小脸谱。给宝宝看你的指甲，然后弯起手指，把指甲一只一只藏进手掌中，然后再让它们一只一只重新出现，接着再把它们藏起来。

安全贴士：

确定玩具不会太小，以免宝宝误食。

动物园之旅

宝宝刚开始学说话时，很喜欢发出各种声音。利用这个游戏和宝宝进行一次动物园想象之旅，一边认识动物，一边增进宝宝的倾听和语言技巧。

所需材料：

- 各式填充动物玩具或大幅的动物图片
- 婴儿椅
- 你的声音

步骤说明：

1. 搜集各种填充动物玩具或大幅动物图片。
2. 让宝宝坐在婴儿椅上，你坐在他的对面。
3. 拿起一个填充动物玩具或一张动物图片靠近你的脸（宝宝可以看见你的嘴巴），然后模仿这种动物的叫声。
4. 鼓励宝宝模仿这种声音，接着再重复一次。
5. 拿起另一个玩具或另一张图片，模仿这种动物的叫声。
6. 所有的玩具或图片都这样玩一遍。
7. 再一次从头开始模仿动物叫声，这次在模仿之前，你暂停一下，让宝宝先试试看。

衍生游戏：

有些宝宝的视觉学习能力较好，有些宝宝则是听觉学习能力较好。如果你的宝宝比较喜欢听觉式学习，就先发出声音，然后再拿起玩具或图片。

安全贴士：

声音别太大，以免吓到宝宝。

> **宝宝可以学到：**
> - 听觉辨别能力
> - 分类能力
> - 语言发展
> - 社交互动

喵！

动物玩偶

缝制一个动物布玩偶，在里面塞满豆子，为宝宝的生活制造一些乐趣，让宝宝探索它的特性，再和宝宝玩这个游戏。

所需材料：

- 两块毛巾，或类似的布料
- 两杯豆子
- 针和线
- 不褪色水彩笔

宝宝可以学到：

- 认知能力／思维能力
- 情绪发展
- 精细运动技能
- 想象游戏

步骤说明：

1. 从两块毛巾上分别剪下两块相同的动物轮廓，简单些就可以，例如熊、老鼠或青蛙的形状，这些动物都很有趣且制作简单。
2. 把两块毛巾布缝在一起，留下头的部分不要缝，做成一个动物形的小口袋。
3. 把小口袋的里面往外翻出，把缝合的地方藏在口袋里面，接着在口袋里倒入豆子，装到3/4满。将开口缝合。
4. 用不褪色水彩笔画出动物的头和其他细节，做成动物玩偶。
5. 把动物玩偶拿给宝宝，让他玩几分钟。
6. 和宝宝一起玩动物玩偶，你可以先示范各种玩法：往远处扔、抛起来、堆起来、放在身上、藏起来、移动它、和它说话、亲吻它、握住它，等等。

衍生游戏：

用大毛巾制作大型动物玩偶。如果可以，做更多的动物玩偶给宝宝玩。

安全贴士：

确定动物玩偶缝得很牢，里面的豆子不会掉出来。

最好用较小的豆子填充，这样万一宝宝把漏出来的豆子吞进去也不会噎住。

小鼓手

虽然宝宝才半岁左右，但他已经有节奏感了。他喜欢敲打，喜欢弄出声响。这个游戏可以让宝宝充分享受敲击的乐趣。

所需材料：

- 婴儿高脚椅
- 木匙，或其他"鼓棒"
- 铝箔、金属锅、塑料碗、平底锅、报纸，以及其他可以用来敲打的物品

宝宝可以学到：
● 因果推理能力
● 听力
● 节奏感和协调性

步骤说明：

1. 让宝宝坐在婴儿高脚椅上，安装好托盘。
2. 给宝宝一把木匙，为宝宝示范如何用木匙敲托盘。
3. 接下来，给宝宝其他"鼓棒"，让他依次试一试。
4. 再给他不同的敲击物品，如铝箔、金属锅、塑料碗、平底锅、报纸，等等。
5. 在你的耳朵里塞上棉花，免得被宝宝吵得头疼！（开个玩笑！）

衍生游戏：

让宝宝坐在地板上，把所有的敲击乐器都拿出来，让他尽情享受敲击的乐趣。你也可以把奶粉罐的开口封起来，做成一个鼓，再给宝宝一把小木匙当鼓棒。

安全贴士：

小心不要让宝宝用"鼓棒"打到自己或别人。

抓住了

宝宝已经开始逐渐了解他的环境，认识了爸爸和妈妈，而且习惯了偶尔有一点惊喜。赶快玩玩下面的游戏吧！

所需材料：

- 柔软的毯子
- 你的手指

宝宝可以学到：
● 活动参与及惊喜
● 情绪表达
● 肌肉控制
● 社交活动

步骤说明：

1. 将毯子铺在地板上，让宝宝趴在毯子上。

2. 你跪在宝宝的正前方，面对面为宝宝示范爬的动作。

3. 在爬向宝宝的时候，一边对宝宝说："我要来抓你喽！"一边做出抓宝宝的手势。

4. 每靠近宝宝一点，就重复一次这句话。记得保持面带微笑，让宝宝知道你是在和他玩游戏。

5. 当你到了宝宝身边时，把手放到宝宝的背上，说："抓住了！"同时轻轻地挠宝宝一下。

6. 和宝宝反复玩几次，如果宝宝不想玩了就停止。

衍生游戏：

换到宝宝的身后，增加游戏的新奇感。

安全贴士：

如果宝宝有点害怕的话，建议父母一起来进行这项游戏，一位扮演抓宝宝的人，一位扮演保护宝宝的人。

快乐歌

随着宝宝的心理发展，他现在应该有更多、更复杂的情绪：快乐、悲伤、愤怒、骄傲，甚至罪恶感。这个游戏可以协助宝宝表达正面的情绪，同时认识他的身体。

所需材料：

- 婴儿椅
- 你的身体
- 你的声音

宝宝可以学到：
● 协调性与模仿技巧
● 情绪表达
● 粗大运动技能和精细运动技能
● 语言发展

步骤说明：

1. 让宝宝坐在婴儿椅上。

2. 唱下面这首歌，边唱边配合歌词移动宝宝的身体部位。

> 如果感到幸福，你就拍拍手。
> 如果感到幸福，你就拍拍手。
> 如果感到幸福你就快快拍拍手，
> 我们大家一起拍拍手！

3. 反复唱这首歌，依次把"拍拍手"换成"跺跺脚"、"摇摇头"、"挥挥手"、"弯弯腰"、"拍拍肩"。

衍生游戏：

自己编歌词，加上身体其他部位，如手指、脚趾、舌头、头发，甚至可以加上宝宝的玩具。

安全贴士：

轻轻移动宝宝的肢体，以免在游戏中伤到宝宝。

冰宫

这是和宝宝一起在浴缸中玩的游戏，宝宝一定会喜欢，而且可以培养宝宝的专注度，并认识水的特性。

所需材料：

- 冰格或饼干模
- 婴儿浴盆
- 气球
- 牛奶盒
- 食用色素
- 塑料人偶或会漂浮的小玩具

宝宝可以学到：
● 因果推理能力
● 精细运动技能
● 物体恒存性
● 科学观念

步骤说明：

1. 在冰格或饼干模、气球、牛奶盒，或其他容器中装水，加入不同食用色素，然后在冰箱里冻成彩色冰块。
2. 在婴儿浴盆内放好温水，让宝宝慢慢坐入水中。
3. 把彩色冰块放进浴盆中，让宝宝试着把它们拿起来，压进水里，或看着它们在水中漂浮。
4. 拿出冰冻的气球，剥掉外层胶皮，把气球形状的冰块放进浴盆，让宝宝探索冰气球的特性。
5. 将冰冻牛奶盒的纸盒剥下，然后把冰块放进浴盆。
6. 把塑料人偶或会漂浮的小玩具放在这些冰块上，让宝宝观察冰块融

解的情形。

衍生游戏：

拿几个塑料小玩具冻在冰块里，当冰块慢慢融解时，里面的小玩具就会慢慢露出来。或制作每层颜色都不同的分层冰块，和宝宝一起观察冰块融化时慢慢消失的颜色。

安全贴士：

千万不要在没有大人陪伴的情况下把宝宝独自留在浴盆内。游戏开始前就把所有材料准备好。确保塑料人偶和小玩具不会太小，以免宝宝误食。

捡豌豆

　　不久之前，宝宝的小手指头好像还只是可爱的小摆设而已，现在已经可以从地毯上捡起最小的东西了，是不是令你感到很惊讶？玩玩这个游戏，给这些可爱的小指头一些工作做吧！

所需材料：

- 婴儿高脚椅和托盘
- 半杯晾凉的熟豌豆

宝宝可以学到：

- 手眼协调能力
- 精细运动技能
- 新味道
- 自助技能

步骤说明：

1. 让宝宝坐在婴儿高脚椅上，固定好托盘。
2. 把一些晾凉的熟豌豆倒在托盘上。
3. 让宝宝一颗颗捡起豌豆，再把豌豆放进嘴巴里。
4. 如果需要的话，可以先示范几次给宝宝看。

衍生游戏：

可以用切片水果代替豌豆，但是切片要小一点，以免宝宝噎住。

安全贴士：

务必一直陪在宝宝身边，如果他想一次把很多豌豆放进嘴里，可能会有噎住的危险。

爸爸妈妈跳出来

　　宝宝一定喜欢那种"掀开盒盖，玩偶跳出来"的游戏。你只需要找出一个超级大箱子，就可以给宝宝一个超级大惊喜。由爸爸或妈妈扮成盒中的玩偶，游戏会变得更加有趣！

所需材料：

● 大箱子

● 你自己

步骤说明：

1. 找一个足以把你装进去的大箱子，把箱子放在客厅里，然后爸爸躲进去。

2. 妈妈把宝宝带进客厅，问："爸爸（或妈妈）在哪里？"
   然后念下面的儿歌：

> 爸爸，爸爸在箱里，
> 请你出来陪我玩，
> 爸爸，爸爸在箱里，
> 请你出来一起玩！

3. 念到最后一句的时候，爸爸就从箱子里跳出来。

4. 父母两人对调，重复游戏。

衍生游戏：

如果你只能找到小箱子，就在小箱子底部挖一个洞，然后把你的手从洞里伸进箱子里，手里拿一个小玩具，接着盖上箱子的盖子。游戏时一边念儿歌，最后让玩偶从箱子里顶出来。

安全贴士：

注意不要吓到宝宝。游戏的目的是要给宝宝惊喜和愉悦，而不是要吓宝宝！

宝宝可以学到：

● 活动参与及惊喜

● 情绪表达

● 物体恒存性

● 社交互动

豪猪手套

这个游戏非常好玩、有趣，赶快找个时间和你的宝宝一起玩玩吧！

所需材料：
- 手套
- 人造毛皮
- 针和线
- 碎布

宝宝可以学到：
- 精细运动技能
- 语言发展
- 感官开发
- 社交技巧

步骤说明：

1. 把人造毛皮缝在手套的手背上，做出豪猪身上的"刺"。

2. 把碎布缝缀在手套其他位置，制造各种不同质感。

3. 用小块布缝制眼睛、鼻子、嘴巴和其他部分。

4. 戴上手套，假扮豪猪，唱歌、讲话，并把手在宝宝四周移动。

5. 让宝宝也戴上豪猪手套玩一玩。

衍生游戏：

除了豪猪之外，只要加上一点想象力，就可以用碎布和水彩做出其他宝宝喜欢的动物。如果你想要做成男孩和女孩、爸爸和妈妈，或是两只动物时，就用两只手套。

安全贴士：

确定碎布缝得很牢靠，以免碎布松脱导致宝宝误食噎住。

贴纸迷藏

在宝宝学习坐、爬、走的时候，加强宝宝对身体的认知是一件很重要的任务。"贴纸迷藏"就是一个可以加强宝宝身体认知的有趣游戏。

所需材料：
- 地板或婴儿椅
- 彩色小贴纸

宝宝可以学到：
• 身体意识
• 物体恒存性
• 解决问题的能力
• 社交互动
• 扫视能力

步骤说明：

1. 脱去宝宝的衣服，让宝宝只穿尿布。
2. 让宝宝靠坐在婴儿椅上；如果他已经学会坐，就让他坐在地板上。
3. 坐在宝宝对面，并在宝宝面前放一些彩色小贴纸。
4. 先给宝宝看其中一张贴纸，然后将它悄悄粘在宝宝身上任一部位，不要让宝宝知道贴纸跑到哪儿去了。你可以先把贴纸藏在手上，选定位置后，再将贴纸贴上去。
5. 贴纸贴好后，问宝宝："贴纸在哪里？"
6. 开始在宝宝身上寻找贴纸，检查他的手，说："没——有，不在这儿。"检查他的胳膊，说："没——有，不在这儿。"继续检查，直到发现贴纸，然后说："贴纸在这里！"同时让宝宝看看他身上的贴纸。
7. 换另一张贴纸，再和宝宝玩。每次把贴纸粘在不同位置。
8. 可以让宝宝自己找贴纸。有必要的话，给宝宝一点提示。

衍生游戏：
把贴纸粘在你身上，让宝宝在你的协助下寻找。

安全贴士：
由于贴纸很小而且容易吞食，千万不要让宝宝误食。

浮浮沉沉

　　当宝宝开始了解这个世界的自然规律时，你也可以开始教宝宝学会物品分类。这个年纪的宝宝会认为这些差异性与相似性很神奇，不过很快他就会学到，这些全都可以用科学来解释。

所需材料：

- 5种在水中会沉下去的物品，如石头、罐头、勺子、铃铛、钥匙等
- 5种在水中会浮起来的物品，如小杯子、塑料玩具、铅笔、梳子、海绵等
- 婴儿浴盆

> **宝宝可以学到：**
> - 基础科学观念
> - 分类能力

步骤说明：

1. 在婴儿浴盆内放入温水，然后轻轻地把宝宝放进水中。
2. 拿一个会漂浮的物品放进浴盆，和宝宝说："浮起来了！"
3. 再把一个会沉下去的物品放进浴盆，然后说："沉下去了！"
4. 准备多种会浮起或沉下的玩具，提高宝宝的兴趣，鼓励宝宝自己把物品放进浴盆。

衍生游戏：

把所有会漂浮的物品一个一个放进浴盆，然后看着它们浮起来；接下来，再放一个会沉下去的东西，观察宝宝脸上惊喜的表情。多重复几次，用简单的话告诉宝宝这是怎么一回事。

安全贴士：

千万不要单独让宝宝留在水中或是靠近水。

玩雪

当宝宝开始认识环境中各种不同的材质时，你可以带宝宝尝试一些新东西。这个游戏可以用真的雪，或用食物处理机做刨冰代替雪。

所需材料：

- 刨冰或干净的雪
- 婴儿高脚椅
- 毛巾
- 食用色素（也可不用）

> **宝宝可以学到：**
> - 认知能力
> - 精细运动技能
> - 雪的特性——触感、质地与温度

步骤说明：

1. 让宝宝坐在婴儿高脚椅上，并托盘牢牢固定住。
2. 在托盘上放一杯雪或刨冰。
3. 让宝宝用他的双手和嘴巴来探索冰雪的特性。
4. 如果宝宝不知道怎么开始，你可以先玩给宝宝看。
5. 当杯中的雪或刨冰融化后，用毛巾把托盘擦干，再给宝宝换一杯新的。

衍生游戏：

在雪或刨冰上滴几滴食用色素，增加视觉上的变化。还可以给宝宝几个玩具，如杯子、汤匙、塑料娃娃、小球等，让这个游戏更好玩。

安全贴士：

请用开水制冰，因为宝宝随时可能会把刨冰放进嘴里。

捏一捏

在这个阶段，宝宝的肌肉开始变得更有力，当他用小手去探索各种物体的温度、材质和触感时，他的精细运动技能也开始发展。

所需材料：

- 各种可以揉捏、挤压的物体，如彩色橡皮泥、黏土、棉花糖、海绵、软橡胶玩具、弹力球等
- 婴儿高脚椅

宝宝可以学到：

- 分类能力
- 认知能力
- 感官开发
- 精细运动技能

步骤说明：

1. 收集各种可以挤压的东西，最好有一些能发出声音。
2. 让宝宝坐在婴儿高脚椅上，并且牢牢固定好托盘。
3. 拿一个可以挤压的物品放在托盘上，让宝宝去探索它，鼓励他去挤压它，感觉那种材质、温度、弹力，等等。
4. 几分钟后，换另一个可以挤压的物品。
5. 依次让宝宝玩过所有的物品。

衍生游戏：

把物品分别套上薄薄的小袜子，让宝宝看不见里面到底是什么，然后把全部物品都放在托盘上，让宝宝隔着袜子辨别它们的相似和差别。

安全贴士：

随时看着宝宝，避免宝宝误食小物品。

腿上跷跷板

在最初几个月中，平衡能力是宝宝重要的学习课题之一。刚开始，宝宝光是要平衡自己的大脑袋都有点困难，但是很快他就会喜欢上玩平衡游戏！

所需材料：

- 小毛巾
- 你的腿

> **宝宝可以学到：**
> - 平衡能力
> - 信任感
> - 社交互动

步骤说明：

1. 在你的腿上放一条小毛巾，作为宝宝的椅垫。

2. 让宝宝面对你，坐在你的大腿上。

3. 抓住宝宝的胳膊，然后把你的双手沿着宝宝的手臂慢慢滑到他的手指，轻轻地帮宝宝保持平衡。

4. 当宝宝在你腿上平衡了以后，你可以试着慢慢地移动你的腿。

5. 确认宝宝的平衡，试着放开一只手，然后再放开另一只，但是要随时准备马上抱住宝宝。

6. 把宝宝转成背朝你，再玩一次。

衍生游戏：

把你的腿伸直，脚搭在椅子上，然后让宝宝坐在你的小腿上。

安全贴士：

要随时准备好，万一宝宝失去平衡，要马上抓住或抱住宝宝。

摸摸是什么

请在游戏中为宝宝提供丰富而不同的有趣物品，让他去摸索和了解，运用双手和嘴巴，拥有一段快乐的游戏时光。

所需材料：

- 各种宝宝喜欢的食物
- 婴儿高脚椅
- 旧报纸

宝宝可以学到：

- 认识环境
- 精细运动技能
- 科学实验

步骤说明：

1. 准备一些有趣的食物给宝宝摸、尝和闻，例如果冻、酸奶、花生酱、香蕉、麦片、意大利面，等等。
2. 在厨房地板上铺几张旧报纸，然后把婴儿高脚椅放在报纸上面。
3. 让宝宝坐在婴儿高脚椅上，然后在托盘上放一种食物。
4. 让宝宝用他的双手和嘴巴去对食物研究几分钟。
5. 拿走第一种食物，然后给宝宝第二种食物。
6. 在宝宝研究每一种新食物时，注意他的表情。把每一种食物放在宝宝面前时先告诉宝宝它的名称，并简单介绍这种食物。

衍生游戏：

给宝宝食物的量再多一点，让他可以用手指捅、敲一敲、捏一捏，充分享受游戏的乐趣。

安全贴士：

一定要注意，避免宝宝被食物噎住。

隧道旅行

当宝宝开始在屋子里四处爬时，可以玩这个游戏，让宝宝的爬行之旅变得更有趣。

所需材料：
- 纸箱（略大于宝宝的身体）
- 毯子

步骤说明：

1. 找一个比宝宝身体大一点的箱子，让他可以轻易爬过去。裁掉箱子两个相对的面，做成一条隧道。

2. 把宝宝放在隧道一端的地板上。

3. 你自己在隧道的另一端坐好，呼唤宝宝，试着让他爬进隧道里。如果宝宝需要协助的话，把你的身体从隧道这头伸过去，并轻轻地拉他通过隧道到另一端。

4. 重复几次。

5. 在你这端的隧道出口上蒙一条毯子，让宝宝看不见你，然后伸手进去，慢慢地把宝宝拉过来。

衍生游戏：

让宝宝坐在地板上，拿起箱子举在宝宝上方，从箱顶偷看宝宝，然后把箱子拿掉，说："妈妈在这里！"

安全贴士：

确定箱子不会太小。不要单独将宝宝留在箱子里，以免他受到惊吓。

宝宝可以学到：
• 认知能力／思维能力
• 深度知觉
• 物体恒存性
• 解决问题的能力

上楼下楼

在这几个月里，爬行几乎占据了宝宝全部的注意力。这个游戏可以帮宝宝学习前进和上下的技巧，提高他的爬行能力。

所需材料：

● 楼梯

● 有趣的玩具

宝宝可以学到：
● 探索能力
● 粗大运动技能
● 解决问题的能力

步骤说明：

1. 找到适合宝宝爬的阶梯，最好是铺地毯的楼梯。

2. 和宝宝一起坐在楼梯脚下的地板上，在第一级台阶上放一个玩具，吸引宝宝往上爬，去拿玩具。

3. 在第二级台阶上放另一个玩具，吸引宝宝往上爬。

4. 当宝宝要靠近玩具时，帮他一把，让他学会弯曲膝盖，并把双手放在台阶上爬楼梯。

5. 宝宝拿到玩具的时候，在下一级台阶上放另一个玩具让他拿。

衍生游戏：

当宝宝爬到楼梯最上面，再教宝宝下来的方法。由于宝宝还不知道怎么转身，所以你必须教他如何伸出脚，并在他每往下爬一级台阶时教他放轻松。

安全贴士：

不练习楼梯爬行时，楼梯的顶端和底部随时都要围着安全护栏。

我是一只小小鸟

有了你强壮的膝盖做后盾，宝宝就可以像小鸟一样飞翔。宝宝非常喜欢父母用手或脚带他"飞翔"的感觉，喜欢像小鸟一样飞得高高的。

所需材料：

● 你的脚

● 柔软的袜子

步骤说明：

1. 穿上柔软的袜子。

2. 在宝宝的身边躺下来。

3. 把宝宝抱起来，放到你的脚上，抓住宝宝的胳膊，让宝宝面对着你，双脚张开。

4. 确定宝宝舒适与安全的情况下，前后移动你的腿，让宝宝"飞翔"。

5. 运用你的想象力，用不同姿势移动你的脚，带宝宝体验各种飞翔经验。

> **宝宝可以学到：**
>
> ● 平衡能力
>
> ● 深度知觉
>
> ● 粗大运动技能
>
> ● 社交互动与信任

衍生游戏：

让宝宝躺在你的腿上，为宝宝提供更坚固的基础，让宝宝背朝你看看不同的景观。

安全贴士：

一定要牢牢抓住宝宝，并确定宝宝在你脚上非常安全。慢慢地移动，不要突然做出动作，让宝宝有安全感。

玩具哪去了

很快，随着宝宝越来越聪明，你就不能用这个游戏愚弄宝宝了，所以趁现在赶快玩，和宝宝一起享受这类游戏的乐趣。观察宝宝在玩具消失不见时的反应和行为。

所需材料：

- 卷筒卫生纸芯
- 不褪色的水彩笔、贴纸，以及其他装饰性的物品（也可不用）
- 大小小于纸芯直径的小球、小汽车或其他小玩具
- 婴儿椅

> **宝宝可以学到：**
>
> - 活动参与及惊喜
> - 因果推理能力
> - 物体恒存性
> - 解决问题的能力

步骤说明：

1. 用不褪色的水彩笔、贴纸或其他装饰物品把卷筒卫生纸芯装饰一下。
2. 把纸芯和一件小玩具（小球、小汽车等）放在地板上。
3. 把婴儿椅放在地板上，让宝宝坐进婴儿椅，你坐在他旁边。
4. 把纸芯倾斜45度角，低的一端搭在宝宝的膝盖上，另一端悬在空中。
5. 先给宝宝看小球，再把它从高的那端放进纸芯里，把玩具放进去的时候问宝宝："小球哪儿去了？"
6. 当小球掉落在宝宝膝盖上时，说："它在这儿！"让宝宝看看小球。
7. 如果宝宝喜欢的话，和宝宝重复多玩几次。

衍生游戏：

也可以让宝宝把玩具放进纸芯里，让玩具掉落在你的膝盖上。

安全贴士：

确定玩具不会太小，以免宝宝误食。

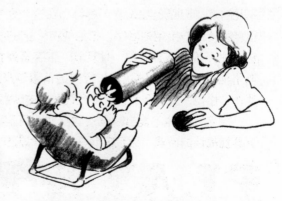

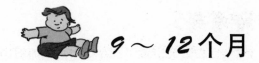

宝宝现在已经能随心所欲的移动了，他能很快地四处爬，扶着家具站起来，然后会走、会跑。当宝宝的技巧逐渐增强时，你可以提供各种方法，丰富并增强他与周围环境的互动。

当宝宝的身体动作娴熟后，尽量为宝宝提供各种训练粗大运动技能的活动。因为宝宝喜欢爬，喜欢寻找各种藏起来的东西，所以最好把有毒和贵重物品全部锁起来，因为很可能在你发现以前，宝宝就已经学会怎么扭开罐子了。爬行是宝宝发展中相当重要的一段过程，所以一定要让宝宝有充分的机会去爬——除非状况紧急，你连看护他几分钟的时间都没有。

宝宝的精细运动技能也在增强，所以，尽量为他提供用手指玩的东西。他可以好好地握住一支笔，而且喜欢画画——什么地方都能画！他也喜欢捡小东西，所以给宝宝一些要用手指拿来吃的食物。宝宝学会用勺子和杯子，就逐渐能自己吃饭了。

当宝宝试着解决他的问题，学习事物的运作方式，以及探索世界的时候，他的思考能力也在快速进步。你会在宝宝一岁时听到他说的第一句话，因此现在你就应该多跟宝宝说话帮他学习，玩很多语言游戏建立他接收讯息的技巧，让他为语言表达作好准备。

宝宝有很强的自我意识，知道什么是"我的"，这是一件好事——这并不是自私，只是他在试着了解自己在这个世界上所扮演的角色。你可以在很多物体上写宝宝的名字，把他的作品挂在冰箱上，给他一面镜子让他照，注意他开始特别喜欢哪一件玩具。宝宝喜爱相同年纪的小朋友，所以最好能帮他找一些同龄的玩伴。宝宝的情绪越来越复杂多变，他会感到愤怒、悲伤、愉悦、羞愧和嫉妒，要允许并且鼓励宝宝表达他的情感。

宝宝不再是不能自由移动的婴儿，而是活力四射的小人儿，他喜欢玩更具挑战性的游戏，而且乐此不疲，所以赶快和宝宝一起玩吧！

PLAY & LEARN

咿咿呀呀

宝宝很快就会说话了，在宝宝说话流畅之前，留住宝宝咿咿呀呀的有趣童声，保存在录音带上，过几年以后再拿出来听。

所需材料：
- 录音机和录音带
- 婴儿椅

步骤说明：

1. 在录音机里放好空白录音带。
2. 让宝宝坐在婴儿椅上，你坐在他旁边。
3. 打开录音机，对宝宝说话，或用嘴巴发出各种声音，吸引宝宝开口说话。
4. 停顿一下，让宝宝有机会回应你。
5. 等你和宝宝都制造出一些有趣的声音后，关掉录音机，倒带，放给宝宝听。
6. 保存这盘录音带，等宝宝长大之后再拿出来听。（也许在他的情侣面前。）

> **宝宝可以学到：**
> - 语言和词汇
> - 听力
> - 自我认同感
> - 发声能力

衍生游戏：

放一首简单的歌曲，跟着唱，鼓励宝宝一起唱，并录下你们的合唱。在这场演唱会结束之后，倒带，和宝宝一起听你刚刚的合唱。

安全贴士：

不要太大声，注意保护宝宝的听力。

叮当叮当

　　这是个有声版的捉迷藏游戏，宝宝必须找出藏起来的铃铛。游戏不难，宝宝只要注意听铃声，循声找出铃铛就可以了。

所需材料：

- 铃铛串成的手环
- 各种可以藏东西的物品，如枕头、毯子和柔软的大玩具

<table>
<tr><td>宝宝可以学到：</td></tr>
<tr><td>● 因果推理能力</td></tr>
<tr><td>● 认知能力</td></tr>
<tr><td>● 听力</td></tr>
</table>

步骤说明：

1. 找一个铃铛串成的手环，或是把铃铛系在普通的手环上（大铃铛比较安全，而且比较容易握住）。
2. 让宝宝在地板上坐好，周围放一些可以藏东西的物品，如枕头、毯子和柔软的大玩具。
3. 拿起铃铛给宝宝看，接着摇动铃铛给他听。
4. 偷偷地把铃铛藏在毯子下面，然后问宝宝："铃铛在哪里？"
5. 把枕头、大玩具等一个个拿起来摇一摇。当拿起藏有铃铛的毯子时，摇一摇，可是不要让宝宝看见铃铛。
6. 在铃铛发出声响的时候，注意观察宝宝的表情。
7. 拿出铃铛，说："铃铛在这里！"
8. 再玩一次，变换藏匿的地点。

衍生游戏：

把铃铛藏在房间各处，陪宝宝趴下来探险。当你们爬到附近时，摇响藏着铃铛的那样东西，直到宝宝找到铃铛为止。

安全贴士：

确定铃铛牢牢地固定在某样物品上面，不会脱落而被宝宝误食。

小小萤火虫

宝宝变得更好动时，他会爱上这个游戏，当宝宝试着捕捉卧室墙上的"萤火虫"时，能同时运动全身。

所需材料：

- 纸板
- 剪刀
- 手电筒
- 胶带
- 黑暗的房间

宝宝可以学到：
● 因果推理能力
● 移动能力和协调性
● 肌肉控制

步骤说明：

1. 从纸板上剪下一只萤火虫的形状，大小不能超过手电筒镜面直径。
2. 用胶带把这个图案粘在手电筒上。
3. 和宝宝舒服地待在一间房间里，关掉所有的灯。
4. 打开手电筒，把光柱投射在宝宝旁边的墙壁上。
5. 慢慢沿着墙壁移动光柱，吸引宝宝的注意力。
6. 鼓励宝宝去捉墙上飞来飞去的"萤火虫"。
7. 在宝宝靠近"萤火虫"，企图捉住它的时候，慢慢地移开光柱。

衍生游戏：

偶尔让宝宝捉住"萤火虫"。关掉手电筒一秒钟，然后把光柱照在别的地方，好像又飞来一只萤火虫。还可以让宝宝操作手电筒。

安全贴士：

确认宝宝在黑暗中不会害怕。

手指朋友

宝宝这时候更能控制大肌肉，也能运用小肌肉来做一些事——特别是他的手指头。你还可以利用手指头玩游戏，就像这个"手指人偶"游戏。

所需材料：

- 干净的浅色编织手套
- 不褪色的水彩笔
- 剪刀

> **宝宝可以学到：**
> - 精细运动技能
> - 语言能力
> - 社交互动

步骤说明：

1. 找一副干净的浅色手套，要大小非常贴合你的手。

2. 用不褪色水彩笔在手套指尖画上有趣的脸谱，这些脸谱可以代表任何一个宝宝喜欢的人，如爸爸、妈妈、哥哥、姐姐、亲戚，甚至宝宝自己和宠物，等等。

3. 用剪刀把手套的 10 个手指部分剪下。

4. 分别戴上 10 个手指套，和宝宝玩一玩"手指人偶秀"，念儿歌：

   > 大拇指在哪里，大拇指在哪里（两只大拇指屈起来藏进手心）？
   >
   > 我在这里！我在这里（分别伸出两只大拇指）！
   >
   > 你今天好吗（一只大拇指向另一只大拇指鞠躬）？
   >
   > 我很好，谢谢你（另一只大拇指向这只大拇指回礼）！
   >
   > 再见！再见（两只大拇指再次屈起来藏进手心）！

5. 以食指、中指、无名指、小指来反复进行，可以改成家人的名字，如爸爸、妈妈、哥哥、姐姐和宝宝。

衍生游戏：

把"手指人偶"套上宝宝的手指，让他玩一玩。

安全贴士：

避免宝宝把手指人偶放进嘴里。

手指、脚趾、头发和鼻子

和宝宝玩个简单的儿歌游戏，让宝宝更熟悉身体的各个部位。你可以自己编更多关于认识身体的儿歌。

所需材料：

● 地板或婴儿椅

● 你的声音

宝宝可以学到：

● 粗大运动技能和精细运动技能

● 身体各部位名称

● 语言发展

步骤说明：

1. 帮宝宝脱掉衣服，只穿尿布。

2. 让宝宝坐在地板或婴儿椅上，你坐在他对面。

3. 念下面这首儿歌，同时把宝宝的手指移动到正确的身体部位。

　　　伸出你的手指，你的手指，伸出你的手指，你的手指。

　　　伸出你的手指，放在头发上，把你的手指，放在头发上。

　　　伸出你的手指，放在鼻子上，把你的手指，放在鼻子上。

4. 以胳膊、腿、脸颊、下巴、嘴巴、屁股、脖子、后背等重复进行。

衍生游戏：

让宝宝自己找他的身体部位。

安全贴士：

玩的时候不要用力，让宝宝乐于玩自己的手指，而不至于受伤。

套叠游戏

这个阶段的宝宝正在努力探索世界、了解世界，你可以和宝宝在厨房里玩这个游戏，一边为宝宝做点心，一边看他练习新的技巧。

所需材料：

- 3 个或 3 个以上大小不同的塑料碗，要可以两两相套
- 一只方形或长方形的塑料盒子

宝宝可以学到：

- 因果推理能力
- 认知能力
- 粗大运动技能和精细运动技能
- 排序能力

步骤说明：

1. 把 3 个或 3 个以上的塑料碗叠在一起。

2. 让宝宝坐在厨房地板上，把叠在一起的塑料碗拿给他。

3. 给宝宝示范该如何把碗拿出来，然后再根据大小把它们叠起来。

4. 给宝宝一些时间去认识这些碗，明白它们是怎么弄在一起的，并让他试着把它们分开，再套叠在一起。

5. 当宝宝明白了这些碗怎么叠在一起之后，把碗分开，再混入一个方形的塑料盒子，看他会怎么处理。

衍生游戏：

你也可以去玩具店买一组可依大小顺序叠放的积木或是碗，或是买一组漂亮的俄罗斯套娃，宝宝会惊奇地发现每打开一个娃娃，里面都还有另一个。或者自己找各种大小的盒子来玩。

安全贴士：

一定要用塑料制品，不要用玻璃或金属的，以免宝宝受伤。如果你买了木制的俄罗斯套娃，小心别让宝宝摔坏它，以免他把碎片放进嘴里或割伤自己。

过河

这个阶段的宝宝开始会自己移动了。他先会爬，然后会站，接着会走。这个游戏设置了一条障碍路线，让宝宝培养解决问题的能力。

所需材料：

- 小型障碍物，如枕头、毯子、玩具娃娃、填充动物玩具、积木、盒子、椅子、桌子，等等

宝宝可以学到：

- 运动能力和协调性
- 粗大运动技能
- 解决问题的能力

步骤说明：

1. 在走廊或小房间内设置一条路线，放置柔软、圆滑和容易移动的小型物件来当做障碍物。如摆放一排枕头让宝宝攀爬而过；在地板上松松地摊开一条毯子，让宝宝在上面爬行；把玩具娃娃和填充动物玩具堆起来，让宝宝攀爬过去；用积木设置一些路障，挑战宝宝的爬行能力；放一个大箱子，打开两端做成隧道；在路线中央放置一把椅子或一张小桌子。

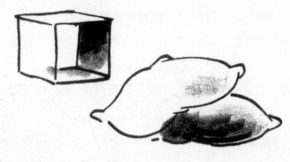

2. 把宝宝带到路线的尽头，你站在另一端，要确定宝宝看得见你。

3. 叫宝宝从障碍路线的一端爬或走过来。

4. 沿途多给他鼓励，假如宝宝在翻越某种障碍物时有困难，你应该用语言或行动给他提示。如果宝宝动弹不了，必要时要移开障碍物。

5. 当宝宝抵达终点的时候，为他喝彩叫好。

衍生游戏：

重新安排障碍物，然后再玩一次。一开始的时候，障碍物要少而且简单，然

后逐渐增加难度，其中应该包括需要宝宝爬过去、挤过去、跳进去，绕过去等的障碍物。

安全贴士：

不要使用任何有锐角或表面坚硬的物品，特别是宝宝有可能碰触到这个东西的时候。一张桌子或椅子应该没问题，只要宝宝能从下面爬过去，不需要爬到上面去就行。

大风吹

宝宝要过周岁生日了！利用这个的游戏教宝宝如何吹气，让宝宝吹熄他的第一根生日蜡烛。

所需材料：

- 可以轻易吹倒的小东西，例如棉花团、羽毛、一张纸巾、棉花糖等
- 吸管
- 婴儿高脚椅

宝宝可以学到：
• 因果推理能力
• 重量的特性
• 呼吸控制

步骤说明：

1. 让宝宝坐在高脚椅上，固定好托盘。

2. 把一个轻质的小物品放在托盘上。

3. 对这个物品吹气，为宝宝示范如何移动它。

4. 让宝宝模仿你。

5. 当宝宝成功地吹开这个物品时，换另外一个物品来让他再试一次。

6. 当宝宝用嘴巴吹的技巧熟练了之后，拿一根吸管示范如何吹，然后让宝宝用吸管去吹吹看。

衍生游戏：

把吸管插入一杯水中，教宝宝吹泡泡。也可以和宝宝玩吹气比赛：坐在宝宝的对面，把一个球放在托盘上吹向他，当他吹回来时，你再吹回去，直到球掉到托盘外为止。

安全贴士：

小心不要让宝宝把小物品放进嘴巴里。

推推拉拉

当宝宝开始蹒跚学步时，多给他鼓励，为他提供一些可以推拉的玩具，让他一边玩新玩具一边练习走路。

所需材料：

- 玩具除草机、购物推车或婴儿车等可以推的工具
- 玩具马车或带绳子的拖拉玩具
- 地板

宝宝可以学到：
● 因果推理能力
● 探索能力
● 粗大运动技能
● 独立自主

步骤说明：

1. 找一些可以推拉的玩具，可以买现成的玩具，也可以发挥巧思自制。

2. 为宝宝清出一大块地板，最好是没有地毯的地板，比较适合进行推拉游戏。

3. 由于推比拉容易控制，可以先给宝宝一件能推的玩具，帮他握住把手，并且指导他，直到他准备好要自己出发为止。

4. 等宝宝把这个玩具玩了一阵子之后，教他玩能拉的玩具，这需要不一样的技巧。如果宝宝还在蹒跚学步，只能扶着家具走，不能自己走，你要教他把手放在玩具的把手上，告诉他如何在你或家具的支撑下移动。

衍生游戏：

假如宝宝还不会扶着家具走路，那么就和宝宝一起抓住玩具的把手，带他一起移动。作拉的动作练习时，可以在宝宝的腰上松松地绑上一条细绳，另一端绑在填充动物玩具上，让他边爬边拖着玩具四处走。

安全贴士：

小心宝宝跌倒，但是别保护太过分，否则他无法充分地探索自己的体能，尝试新的事物。

溜滑梯

宝宝很快就会走路了。当宝宝在练习控制肌肉、平衡，学着协调动作时，他喜欢用他的身体玩游戏。做一个滑梯来挑战宝宝的新技巧吧！

所需材料：

- 大纸箱
- 剪刀或其他裁切的工具
- 长沙发、靠垫和铺地毯的地板
- 胶带

> **宝宝可以学到：**
> - 平衡能力与协调性
> - 因果推理能力
> - 粗大运动技能

步骤说明：

1. 裁开一只大型纸箱，把纸板拼成长条，加厚纸板，把滑梯做得更牢靠，然后用胶带固定好，作为纸板滑梯。
2. 把纸板滑梯的一端靠在长沙发上，使用胶带固定住。
3. 把长沙发的靠垫垫在滑梯下方。
4. 在滑梯底部再放一个靠垫，以便宝宝安全着陆。
5. 在滑梯顶端抱住宝宝，让他缓缓地滑下去，你的手要一直抓住宝宝。
6. 抱着宝宝溜滑梯，直到宝宝希望自己试试，不要你的协助。

衍生游戏：

用干净的塑料板制作滑梯，让滑梯更加坚固耐用。

安全贴士：

宝宝在滑梯上时，一定要随时看着宝宝。

意大利面

宝宝喜欢触摸、捏挤或品尝各种看起来有趣的东西。这个游戏可以满足宝宝的感官发展需求，又可以让宝宝获得营养。

所需材料：

- 煮过的意大利面，将其冷却到室温
- 婴儿高脚椅

宝宝可以学到：
● 精细运动技能和抓握能力
● 自助技能
● 感官开发

步骤说明：

1. 让宝宝坐在高脚椅上，并固定好托盘。
2. 在托盘上放一匙室温的意大利面（不要加酱汁）。
3. 让宝宝研究意大利面。他可能会试着把面拿起来，用力掐、挤扁、弄烂、捣碎或紧紧抓住，最后才放进嘴里。
4. 如果宝宝开始乱扔，引导他把它们弄回盘子上。

衍生游戏：

试试各种形状的意大利面，如短管形、贝壳形、蝴蝶形等。

安全贴士：

不要让宝宝一次往嘴里放太多。

造形海绵

不论到了哪个年纪，玩水都是很有意思的游戏。你可以用造形海绵来增强这个游戏的趣味性，这些彩色的海绵容易制作，在洗澡时玩也很有趣。

所需材料：

- 彩色海绵
- 剪刀
- 放满水的浴缸

步骤说明：

1. 把海绵剪成各种形状，如圆形、正方形、长方形、三角形等。
2. 在浴缸里面放满温水，让宝宝坐进去。
3. 将海绵放进水里，让宝宝去研究它们。
4. 在宝宝玩过海绵后，拿一块海绵压在浴缸壁上，把里面的水挤出来，海绵就会粘在浴缸壁上。
5. 多拿几块海绵粘上去，让宝宝把它们拿下来。
6. 玩的时候可以和宝宝一起讨论海绵的形状。

宝宝可以学到：
● 色彩与形状认知
● 感官刺激
● 社交互动

衍生游戏：

把海绵剪成动物或是字母的形状。

安全贴士：

千万不要把宝宝单独留在浴缸里，同时水温要一直保持在让宝宝很舒服的温度。

黏黏玩具

现在宝宝捡玩具的技巧已经很熟练了，你可以把游戏变得更困难一点，看看宝宝能不能想出解决问题的办法！

所需材料：

- 双面胶和一大张纸
- 各种小玩具

步骤说明：

1. 将双面胶撕下一段，贴在纸上。

2. 撕掉背胶上的纸。

3. 把纸放在地上，有黏胶的一面朝上。

4. 在有黏胶的纸上放一些小玩具，如一块积木、一个塑料玩偶、一本书等。

5. 把宝宝带到玩具旁边坐下。

6. 拿起小玩具，再指指一起被拿起来的纸，让宝宝知道你现在有麻烦。

7. 观察宝宝的反应。

> **宝宝可以学到：**
> - 因果推理能力
> - 粗大运动技能和精细运动技能
> - 解决问题的能力

衍生游戏：

让宝宝坐在婴儿高脚椅上，把一点食物，如葡萄干、麦片、薄脆饼干等放在有黏性的纸上，让他试着拿起来。游戏结束时，让宝宝玩一玩这张有黏性的纸。

安全贴士：

在宝宝玩纸的时候，要防止他用纸盖住自己的脸。如果宝宝有点沮丧的话，请给他一点协助，同时教他怎样把玩具从纸上拿下来。

拉呀拉

这个阶段的宝宝总会为了某个小魔法而感到惊奇不已，你可以和宝宝玩玩这个游戏，让宝宝一边玩一边猜：这些丝巾到底是从哪儿来的?

所需材料：

- 几条长丝巾或领带
- 大号的成人 T 恤

宝宝可以学到：

- 因果推理能力
- 物体恒存性
- 社交互动

步骤说明：

1. 把几条丝巾或领带系在一起，变成一长条。
2. 穿上一件大号 T 恤。
3. 把刚刚系起来的丝巾或领带塞进 T 恤里面，其中一端从领口露出来。
4. 让宝宝坐在婴儿椅或地板上，然后你坐在他对面。
5. 给宝宝看丝巾或领带的末端，然后把末端拉出来给宝宝看。
6. 把末端交给宝宝，同时鼓励宝宝继续把丝巾从你的 T 恤往外拉。如果宝宝需要协助的话可以帮帮他。全部拉出来之后，再玩一遍。

衍生游戏：

把一件大号 T 恤穿在宝宝身上，并且把系起来的丝巾或领带塞进他的 T 恤里面。从他的 T 恤下面靠近肚子的地方拉出一端，然后继续拉。鼓励他也一起拉。这次宝宝会有不同的新感觉。

安全贴士：

随时看着宝宝，避免他把丝巾或领带缠到身上或脖子上。

感官之旅

带宝宝进行一趟各种材质的感官之旅，体会物质世界的神奇。在各种材质上爬行时，可以开阔他的视野，刺激他的感官！

所需材料：

- 各种不同材质的物品，如毛巾、塑料板、人造毛皮、羊毛外套、丝质睡袍、铝箔、蜡纸、纸袋等
- 大片的地板

> **宝宝可以学到：**
> - 认知能力和分类能力
> - 感官开发
> - 粗大运动技能

步骤说明：

1. 找一大片空地，把准备的材料一个接一个地摆好，如果可能的话，铺满整片地板。
2. 让宝宝坐在铺满各种材质物品的地板上，然后你走到房间另外一头去。
3. 鼓励宝宝爬过这些物品，往你这边来。注意他在经过沿途各种不同的材质时的表情。

衍生游戏：

用这些材质包住宝宝。在你移开和替换这些材质之前，先让宝宝感觉每一种材质，并跟宝宝简单介绍一下。

安全贴士：

千万不要让宝宝独自和这些东西在一起，他可能会试着把它们放进嘴里而噎住。

变脸胶带

这个滑稽的游戏会让你们两人大笑不止。在你们享受这些鬼脸的时候，宝宝也会学到各种能力。小心，可别让你的脸一直保持这样！

所需材料：

- 一卷透明胶或透明的儿童用创可贴，最好是医用的柔软绷带（宽2厘米最适合）
- 镜子

步骤说明：

1. 把一面镜子靠在墙上，让宝宝可以看见他自己。
2. 让宝宝坐在你的大腿上，一起面对镜子。
3. 取来胶带。
4. 对镜子扮鬼脸，接着用胶带粘住你的脸，留住这个表情。可以多用几段胶带，使你的嘴巴扭曲、眉毛往上扬、鼻子变平，或是眼皮下垂。
5. 看着镜子里的宝宝，说一些和你的鬼脸配合的话。
6. 让宝宝转过身来，与你面对面，握住胶带的尾端，把胶带撕掉。
7. 重复游戏，扮各种不同的鬼脸。

衍生游戏：

在宝宝的脸上或胳膊和腿上粘小段胶带，让他把胶带撕掉。

安全贴士：

有时候鬼脸会吓到宝

宝，所以在你们玩游戏的时候，一定要跟他说话，并且告诉他你还是你。如果你在宝宝的脸上贴胶带的话，一定要轻轻地，而且绝对不能贴住他的眼睛、鼻子或嘴巴。拿掉胶带的时候要慢而轻，而且注意不要让宝宝吞下胶带。

游泳圈

在宝宝开始会爬的同时，他也开始会往上攀了。在他刚发现双腿可以自由移动的时候，给他一个游泳圈来测试他的能力。

所需材料：

● 游泳圈

步骤说明：

1. 把游泳圈放在地板的中央。

2. 把宝宝放进游泳圈中间。

3. 让宝宝研究游泳圈，并且思考该怎么出来。

4. 当宝宝爬出来的时候，为他鼓掌。

宝宝可以学到：

● 探索能力

● 粗大运动技能

● 解决问题的能力

衍生游戏：

多提供几个游泳圈给宝宝去摸索、研究。把一个游泳圈叠放到另一个游泳圈上面，增加宝宝爬出来的难度。

安全贴士：

如果游泳圈上有凸出的气嘴，用胶带把它裹起来，以免戳到宝宝。如果宝宝待在游泳圈里面害怕，就先教宝宝如何爬出来，然后在重新尝试这个游戏之前，先让他熟悉游泳圈。

隧道爬行

爬行是宝宝发展中的一段历险，也是他手脚并用地探索世界时的一个技巧。你可以替宝宝制作一条简单的隧道，在隧道内放一些障碍物，让宝宝享受爬行的乐趣。

所需材料：

- 3 个纸箱，要大得足够让宝宝轻易地爬过去
- 剪刀和胶带
- 填充动物玩具、枕头或毯子

宝宝可以学到：
• 探索能力
• 粗大运动技能
• 解决问题的能力

步骤说明：

1. 剪下 3 个箱子的盖子和箱底，将 3 个纸箱粘在一起，形成一条隧道。把隧道放在房间中央。
2. 利用填充动物玩具、枕头或毯子来充当隧道里面的障碍物。
3. 把宝宝放在隧道的一端，然后你走到隧道的另一端。
4. 鼓励他爬向你。如果他不愿意进入隧道里，可以用一个玩具引诱他。
5. 当他爬过隧道，抵达你这一端的时候，为他鼓掌喝彩。
6. 重复游戏，让宝宝探索并体验这条隧道的特性。

衍生游戏：

在宝宝习惯这条隧道以后，两端各用一条毯子蒙住，让他想想怎样才能离开隧道。

安全贴士：

如果宝宝害怕进入隧道，不要勉强他。把隧道在房间里放一阵子，让他习惯这个东西，然后再试一次。如果用毯子蒙住两端时宝宝变得很烦躁，就把毯子拿掉。

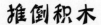

推倒积木

当宝宝学会把积木堆高之后，他也会开始喜欢把它推倒的感觉！赶快和宝宝玩这个游戏吧！

所需材料：

● 大型积木，可以去玩具店买，也可以用牛奶盒来制作

● 大而平坦的地方

步骤说明：

1. 买些大型积木，或搜集大型牛奶盒，洗净晾干，作为正方形或长方形的大积木。

2. 让宝宝坐在地板上，把积木放在他身边。

3. 教宝宝如何将积木堆高，鼓励宝宝自己堆。

4. 当积木已经够高的时候，就让宝宝把它推倒！

5. 反复进行，直到宝宝不想玩为止。

衍生游戏：

可以用其他东西来代替积木，如玩具、书、盒子及薄脆饼干——任何可以堆的东西都可以。

安全贴士：

如果不是用积木，而是用其他物品的话，要确定那些物品不会太重，以免它们倒下来的时候伤到宝宝。

拉链和扣子

宝宝很快就可以自己做事了，这个游戏可以帮助宝宝学习这些自助技巧。在玩这个游戏的时候，宝宝会很惊讶而且很开心。

所需材料：

● 各种解开方式不同的衣服，如有纽扣、拉链、按扣、魔术贴、系绳等

● 你的身体

● 婴儿椅

宝宝可以学到：

● 活动参与及惊喜

● 因果推理能力

● 精细运动技能

● 自助技能

步骤说明：

1. 搜集解开方式不同的各种衣物。

2. 把这些衣服一一穿上。

3. 让宝宝坐在婴儿椅上，你面对宝宝坐下。

4. 准备将衣服一件一件脱下。让宝宝和你一起拉拉链或解扣子，在完成每一件工作时，别忘了做出惊喜的表情。

5. 继续和宝宝进行游戏，直到这些衣服一一脱去为止。

衍生游戏：

在宝宝身上穿上几件有拉链或扣子的衣服，然后一件一件地脱掉。或是穿在大玩偶的身上，然后你们两个人一起来脱掉这些衣服。

安全贴士：

随时帮帮宝宝，让他不会有挫折感。

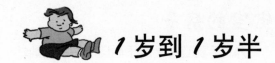

1岁到1岁半

　　宝宝现在面临一个转折点，他可以用简单的句子来沟通，也可以几乎不需要协助地从一个地方移动到另一个地方。由于能力增强了，他的注意力范围也会扩大，可以同时面对更多的挑战。

　　宝宝开始能在屋子里四处走，有时摇摇晃晃，有时全速前进，而且很少摔跤了。他是在对自己的身体进行开发和探索。如果你在这段时期过度保护他，宝宝就会错失练习机会。可是你一定要随时注意，因为这段时期，宝宝常会不知不觉从你身边溜走！给宝宝绘画、自己吃饭，甚至自己穿衣服的机会。在这个时期，每一样东西都会成为一项实验品。他的一些行为看起来似乎有点笨，例如把牛奶倒在地板上，这时他也许只是在探索他的世界。试着了解宝宝在想什么，怎么想，你就可以从他的观点来看世界。由于婴儿在这段时期经常以自我为中心，而且无法了解你或其他人的看法，所以了解他的看法是一件很有必要的事。

　　为宝宝提供丰富的语言环境，因为他在这个阶段会像海绵吸水一样吸收各种词汇。学习词汇应该在相关的背景中进行，例如去动物园、逛街购物，或是帮他换衣服的时候。不要用那种教学用的识字卡片，要让宝宝自然而然地学习。如果宝宝发音不准确，也随他去吧。你可以正确发音让他学习，但不要在宝宝学说话的过程中给予太多批评和干扰。

　　在宝宝发展社交技巧时，朋友变得越来越重要。他很快就能学会分享、同情，或是喜欢家人之外的一个特别的朋友。在宝宝表达某些情绪时，不妨教他与这种情绪相关的字眼。假如宝宝可以用语言来表达他的情绪，他就不太倾向于用肢体来表现。宝宝现在正要开始学会控制自己的行为，不过掌握这个技巧会花很长一段时间，所以不要期待宝宝在一夜之间就会有所转变。

　　爸爸妈妈一起来吧，开始行动！宝宝已经准备好要开始喽！

PLAY & LEARN

宝宝的房子

为宝宝建立一个属于他自己的小天地吧！宝宝待在他自己的"房子"里，能帮助他建立独立感。当他的想象力开始萌芽，这间"房子"很快就会变成一座堡垒、一个洞穴，甚至一艘宇宙飞船！

所需材料：

● 轻便的小桌子，或是大型纸箱

● 床单或毯子

● 大片的地板

● 手电筒

宝宝可以学到：

● 认知能力／思维能力

● 创造力和想象力

● 空间关系

步骤说明：

1. 在一大片地板中间放置一张轻便的小桌子。

2. 用一条床单或毯子把桌子盖起来，让桌下形成一个小"房子"。

3. 毯子向上翻起一个角，变成门。带着宝宝一起爬进去。

4. 关上门——把毯子的一角放下来，享受你们的新天地。

5. 如果宝宝觉得很舒适，让他享受一下独自待在里面的乐趣。

6. 如果他的新房子有点暗，给他一个手电筒。

衍生游戏：

在床单或箱子上面画出房子的细节，让它看起来更漂亮。让宝宝在里面放玩具、枕头，或是一把小椅子。

安全贴士：

要确定宝宝自己一个人待在"房子"里面不会害怕。如果他不喜欢房子被完全遮起来，可以留一角敞开着。

人体彩绘

宝宝日渐长大，对自己的身体和各种身体功能会越来越感兴趣。当你跟宝宝在浴缸里洗白白时，这个游戏会是一段非常棒的身体认识之旅！

所需材料：

- 各种颜色的儿童用无毒人体彩绘颜料
- 浴缸

<table>
<tr><td>宝宝可以学到：</td></tr>
<tr><td>● 创造力</td></tr>
<tr><td>● 自我意识</td></tr>
<tr><td>● 感官刺激</td></tr>
</table>

步骤说明：

1. 为宝宝准备好一缸温水，水不要太深，可以让宝宝坐在里面。

2. 把宝宝抱进浴缸，让他习惯水。

3. 打开一管颜料，将颜料点在宝宝胳膊上。

4. 用你的手指把颜料抹开，鼓励宝宝也这么做。

5. 在其他部位——手、腿、脚、脖子、肩膀、胸部以及背部点上其他颜色。

6. 让宝宝把这些颜色往四周抹开，然后把它们洗掉再玩一次。

衍生游戏：

和你的宝宝一起进到浴缸里，让他在你身上涂抹颜料！

安全贴士：

一定要用儿童用的无毒人体彩绘颜料。千万不要让颜料沾到宝宝脸上；如果他喜欢用手擦脸的话，也不要把颜料抹到他的手上。

纸箱赛车

宝宝现在已经可以用他专属的"赛车"去兜风了！你需要的只有一只大箱子、一些颜料，和很多想象力。

所需材料：

- 大得足以放进宝宝身体的纸箱
- 颜料或水彩笔
- 1 米左右的绳子
- 开阔的空间

> **宝宝可以学到：**
>
> - 粗大运动技能
> - 想象力
> - 社交技巧

步骤说明：

1. 拆去箱子的盖子和箱底，四边原封不动。

2. 用颜料或水彩笔在箱子上画上车子的细节图案，如车门、头灯、尾灯、车窗及轮子等。如果你喜欢的话，帮汽车加一张脸也很有趣。可以让宝宝参与纸箱赛车的装饰工作。

3. 在箱子两侧各打两个洞，洞要大得让宝宝双手可以伸进去，让宝宝有地方可以抓紧。

4. 让宝宝踏进纸箱赛车里，在房间内四处跑，假装是在开车。

衍生游戏：

从前端到后端绑两条绳子，做成肩带，就可以将箱子挂在宝宝肩膀上，他也就不需要提着箱子了。除了把箱子画成赛车外，也可以将它画成某种宝宝喜欢的动物。

安全贴士：

用胶带把箱子四周的切口包起来，这样箱子边缘会比较平滑，而且容易拿。

盒中盒

这个游戏会让宝宝猜个不停，而且一边猜一边咯咯笑。一定要准备一个特殊的东西放在箱子里，让宝宝知道等待是值得的。

所需材料：

● 不同尺寸的各种盒子，可以两两相套

● 小玩具或一样很好玩的东西

步骤说明：

1. 搜集各种大小不同的盒子。

2. 把一个小玩具或好玩的东西放在最小的盒子里，让宝宝在游戏最后发现它。

3. 盖上小盒子的盒盖，把它放进一个较大的盒子里，再盖上外层盒子的盖子。

4. 继续按顺序把盒子放在较大的盒子里，直到放进最大的盒子里。

5. 给宝宝看这个大盒子。

6. 问他："里面有什么？"然后协助他打开盒子。

7. 当宝宝看到下一个盒子的时候，说："又一个盒子！"把这个盒子从较大的盒子里拿出来，接着请宝宝打开盒盖。

8. 一直玩到宝宝拿到最小的盒子为止，然后让宝宝打开这个惊喜盒子!

> **宝宝可以学到：**
>
> ● 物体恒存性
>
> ● 解决问题的能力
>
> ● 分类能力和排序能力

衍生游戏：

让宝宝试着依照盒子大小顺序把它们照原样放回去。

安全贴士：

盒子要容易打开，使宝宝可以自己完成这件事，而不会受到太大的挫折。

爬 山

　　大部分的宝宝一旦学会爬行，就会喜欢攀爬所有他遇到的东西。但是，只在地板上爬是不够的——宝宝还喜欢往上爬！

所需材料：

● 用来攀爬的物品，例如结实的靠垫、坚硬的盒子、
　小凳子、椅子等

● 用来玩的开阔空间

● 铺着地毯的地板

宝宝可以学到：

● 探索能力

● 粗大运动技能

● 解决问题的能力

步骤说明：

1. 在家里找个地方安排好各种东西，在物品之间要留下大片的空间。

2. 把宝宝带来，给他看看要爬的东西。

3. 鼓励宝宝爬到这些东西上面，如果他需要协助的话就帮他一把。

衍生游戏：

做出由高到低的攀爬结构，让宝宝可以先爬上一个靠垫，再靠近椅子，最后抵达沙发。

安全贴士：

一定要在宝宝身边随时注意
他，以免他失去平衡掉下去。
在地板上铺上柔软的毯子，
以防止他跌跤。

小手指

　　宝宝学会控制他的小手指时，带他一起玩这个游戏，协助他加强精细运动技能。他很快就可以随意运用这些小指头，做他想做的事。

所需材料：

- 各种颜色的无毒水彩笔
- 宝宝的手指和你的手指

宝宝可以学到：
● 精细运动技能
● 语言能力
● 社交技巧

步骤说明：

1. 用无毒水彩笔在宝宝手指上画小脸谱——爸爸、妈妈、哥哥、姐姐，还有宝宝。如果你喜欢的话，也可以画不同的面部表情——快乐、悲伤、生气、疲倦以及惊喜来代替。

2. 在你的手指上也画上脸谱来与宝宝的手指搭配。

3. 与宝宝面对面坐好，让你们可以彼此看见对方的指尖。

4. 念下面的这首儿歌，并且移动相应的手指，同时也要协助宝宝动动他的手指。

　　　　一根小手指（握住食指）说你好（弯下食指）。

　　　　我的朋友在哪儿（手指扭动）？

　　　　请你告诉我（握住下一根手指）！

　　　　两根小手指（握住两根手指）说你好（弯下两根手指）。

　　　　我们的朋友在哪儿（两根手指扭动）？

　　　　请你告诉我们（握住下一根手指）！

5. 反复玩5根手指。

衍生游戏：

先用你的手指玩，让宝宝看着，然后在他的手指上画脸谱。

安全贴士：

使用无毒的水彩笔，以防宝宝把手指放进嘴巴里。

跟我来

当宝宝开始可以自由移动时,他会喜欢这个游戏。这个游戏中充满了惊喜,因为宝宝永远也不知道会走哪条路。

所需材料:

- 小型填充动物玩具
- 1.5~2 米的细绳

宝宝可以学到:

- 探索能力
- 粗大运动技能
- 解决问题的能力
- 视觉跟踪能力

步骤说明:

1. 找一个会吸引宝宝注意力的小型填充动物玩具。
2. 将细绳的一头绑在这个玩具上,把这个玩具放在房间中央地板上,然后将绳子另一头放在另一个房间里,藏起来。
3. 把宝宝放在靠近玩具的地板上。
4. 悄悄走到另一个房间,不要让宝宝看见,同时开始拉动细绳,让玩具移动。宝宝应该会想跟着玩具走。继续拉动细绳,引导宝宝走出房间。
5. 在你们走过所有的房间后,拿起细绳给宝宝看,让宝宝明白你刚刚一直在做的事。

衍生游戏:

如果你的伴侣也可以参与,让他躲起来拉动细绳,而你陪着宝宝,沿途一直鼓励他:"它往那边去了,我们跟着它!"

安全贴士:

确定宝宝经过的路上没有危险的障碍物,以免宝宝受伤。要一直注意着宝宝,以确保他的安全。

身体歌

现在来和宝宝玩游戏喽！这是一个协调性训练游戏，你可以一边带着他念儿歌一边玩。

所需材料：

● 彩色贴纸

● 你和宝宝的身体

步骤说明：

1. 在你的眼睛上方、前额、耳朵、鼻子、肩膀、膝盖和 10 根脚趾头上全都贴上彩色贴纸。

2. 帮宝宝也贴上贴纸。

3. 念下面的儿歌，边念边做相应的动作。

> 头，肩膀，膝盖，脚趾，膝盖，脚趾，膝盖，脚趾（触摸每个对应身体部位上的贴纸），
>
> 头，肩膀，膝盖，脚趾，眼，耳，鼻和口（同样触摸每个对应身体部位上的贴纸）。

宝宝可以学到：

● 身体部位名称

● 粗大运动技能

● 运动能力和协调性

衍生游戏：

用无毒水彩笔在身体部位上画圆点代替贴纸。在儿歌中逐渐加上更多的身体部位，如胳膊、腿、胸部、脖子、手、脚、背部和屁股。

安全贴士：

游戏结束后要把所有贴纸都收回来，避免宝宝把它们吃下去。无毒水彩笔比贴纸安全。

玩具总动员

当宝宝发现自己有两只灵活的手，便可以感受拿、抓和握的乐趣。你可以把一些东西抛向空中，看宝宝如何变成快乐的杂技演员！

所需材料：
● 三种好拿的小玩具

步骤说明：

1. 搜集三种有趣的小玩具，要很容易紧抓和握住。如果你有三种宝宝以前没见过的玩具更好，不要让他看见这些玩具。

2. 让宝宝坐在地板上，给他一个玩具，让他研究一下。（最有趣的玩具要留到最后。）

3. 当他握住一个玩具时，再给他另一个玩具。注意他的反应。他可能会用两只手一起抓住两个玩具，也可能会放开第一个玩具，专心玩第二个玩具。

4. 假如他放开了第一个玩具，鼓励他把它捡起来，让他两手各拿一个玩具。

5. 等他拿着这两个玩具玩过一会儿之后，再给他第三个玩具。注意宝宝的反应，他可能会思考，如何在不放开前两个玩具的前提下抓住第三个玩具。让他自己想办法解决问题。

> **宝宝可以学到：**
> ● 协调性
> ● 精细运动技能
> ● 解决问题的能力

衍生游戏：
交给宝宝更多的玩具，让这个游戏更有趣。

安全贴士：
确定玩具都能安全握住，也不会太重，以免宝宝松手时玩具掉在他脚上。

仔细听

这个游戏可以增进宝宝的听力。你制造的声音越多，宝宝玩得就越开心！

所需材料：

- 3~5 种（或更多）能发出声音的东西，如铃铛、沙锤、摇铃，或自行车铃、会发出响声的玩具和会说话的玩具娃娃
- 小毯子

步骤说明：

1. 把 3~5 样会发出声音的玩具在地板上排成一列。
2. 用一条毯子把它们盖住，不让宝宝看见。
3. 让宝宝坐在毯子旁边。
4. 掀开毯子，让玩具一个接一个地发出声响。
5. 再次盖住这些玩具。
6. 掀起面对你的毯子一角，然后让其中一个玩具发出声响。
7. 接着全部掀开毯子，展示出所有的玩具，让宝宝找出发出声音的玩具。如果他有困难，就让每一个玩具依次发出声音，看他是否可以慢慢辨识。当他做到的时候要表扬他。
8. 再次用毯子盖住这些玩具，重新再玩。

宝宝可以学到：

- 因果推理能力
- 听力
- 解决问题的能力

衍生游戏：

拿开毯子，你背过身去，让宝宝利用一个玩具发出声响，然后你来猜猜看是哪一个玩具。

安全贴士：

发出的声响不要太大，以免吓到宝宝。

嘎嘎

音乐大师

当宝宝在屋子里四处走的时候，不妨跟他玩这个游戏，让宝宝的动作发出声响，用铃铛把宝宝变成一个单人军乐队。

所需材料：
- 宽 1 厘米左右的松紧带 60 厘米
- 10 个银色或彩色的铃铛
- 针和线

宝宝可以学到：
• 因果推理能力
• 粗大运动技能和精细运动技能
• 听力

步骤说明：

1. 把松紧带在宝宝手腕和脚踝上围一圈（不要太紧），两端相叠，记下长度，剪好。
2. 把松紧带的两端缝起来，做成手环和脚环。
3. 在每条松紧带环外侧缝两个铃铛，一边一个。
4. 把松紧带环套进宝宝的手腕和脚踝。
5. 摇摇他的胳膊，再摇摇他的腿，让铃铛发出声响。
6. 鼓励宝宝自己四处走，摆动胳膊，让所有铃铛都发出声响。

衍生游戏：

为你自己制作一组手环和脚环，再用松紧带给宝宝做一个有铃铛的腰带，一起举行"铃铛大游行"。

安全贴士：

铃铛一定要牢牢固定好，以免宝宝捡到误食。

纸的游戏

我们常会特意挑选很多好玩的东西给宝宝，却往往忽略眼前的东西。其实简单的一张纸就可以给宝宝一个探险和体验的美妙机会，何不现在就开始？

所需材料：

- 各种纸，如打印纸、硬纸板、蜡纸、锡箔、糯米纸、彩色纸、包装纸，等等
- 地板

宝宝可以学到：

- 认知能力
- 感官开发
- 精细运动技能

步骤说明：

1. 在地板上摆好各种各样不同材质的纸。
2. 让宝宝坐在地板中间。
3. 给宝宝一张纸，让他探索它的特性。依次把各种纸给宝宝。
4. 当宝宝已经研究过所有纸之后，给他示范用纸实验的方法，例如撕、折叠、团成团等。

衍生游戏：

把各种纸剪成各种形状，然后把它们拼成一幅画。

安全贴士：

宝宝玩纸时，你要和他在一起，以防他把纸吃下去。

吹泡泡

在宝宝自以为已经弄清楚整个世界是怎么回事时，带他玩一个游戏，再把他搞糊涂一次！别担心，宝宝会玩得很开心，因为他很快就会了解这是怎么一回事！

所需材料：

- 一瓶泡泡液
- 可供玩耍的开阔空间

宝宝可以学到：
- 因果推理能力
- 探索能力
- 精细运动技能和粗大运动技能
- 社交互动

步骤说明：

1. 带宝宝来到一个较大的空间，让他可以随意跑动。

2. 坐在宝宝身旁，开始吹泡泡。你可以自己做吹泡泡的工具，用铁丝扭成一个小圆圈，留下一段做把手，再在圆圈上缠一圈棉线。

3. 向宝宝示范怎样追逐和弄破泡泡，然后鼓励宝宝照样做一遍。有的宝宝在玩这个游戏时会非常兴奋，并且会在你吹出泡泡时就试着找机会弄破泡泡。你不妨在吹出泡泡之前让宝宝等几秒，这是一个培养宝宝耐心的好机会。

衍生游戏：

教宝宝自己吹泡泡，把铁丝圈靠近他的嘴巴，教他轻轻地吹。如果宝宝很难吹出泡泡的话，可以教他在空中挥舞铁丝圈来制造泡泡。

安全贴士：

别让宝宝喝下泡泡液。

袜子球

袜子球比赛开始喽，快让你家小宝贝做好准备来参加！对小运动员来说，袜子球是个理想的玩具，因为它们很软，容易紧握，而且你手边（或脚上）总是能找到几双袜子。

所需材料：

- 干净的大袜子，越多越好
- 大水桶、大平底锅或是大碗

宝宝可以学到：

- 手眼协调能力
- 精细运动技能和粗大运动技能
- 社交技巧

步骤说明：

1. 搜集几双干净的袜子，把它们卷成紧紧的球。

2. 在房间中央放一个大水桶。

3. 把袜子球放在水桶里面。

4. 让宝宝坐在离水桶 30~60 厘米远的地方，你自己坐在水桶旁边。把袜子球滚到宝宝那边，让他接住。

5. 当所有的袜子球都被宝宝拿到时，让宝宝站起来，教他把球朝水桶里扔。假如他扔得不太准的话，就让他走近一点，然后告诉他要怎样把球扔到水桶里。每一次"射门"成功就欢呼一下。

衍生游戏：

让宝宝把球扔给你，而不是扔到桶里。

安全贴士：

如果你用真的球来代替袜子球，一定要确定这些球都很柔软，而且容易握住。

打击乐队

宝宝喜欢开发新的声音，尤其爱弄出噪音。如果你可以为他准备好各种乐器，他就可以成立一支个人乐队！

所需材料：

- 到厨房搜集可以发出声音的工具，如水壶、平底锅、塑料碗、木匙、搅拌器、空的燕麦片或玉米片盒子、罐头盒、空的牛奶瓶、汤匙、塑料杯子，以及装豆子的罐子
- 厨房地板

> **宝宝可以学到：**
> - 因果推理能力
> - 精细运动技能和粗大运动技能
> - 听力
> - 节奏感

步骤说明：

1. 从厨房搜集许多可以发出声音的东西，把它们放在地板上。
2. 让宝宝坐在这些"乐器"中间，让他先研究一下。
3. 教宝宝各种制造声音的方法，如重击、轻敲、摇动、摩擦，甚至滚动。
4. 当宝宝和这些"乐器"玩了一会儿以后，再加上点音乐，教他如何保持节奏。

衍生游戏：

给宝宝玩具乐器，如小钢琴、小鼓、小吉他，以及笛子、口琴、铃鼓、三角铁，甚至砂纸和棍子。

安全贴士：

确定给宝宝的所有物品都没有尖锐的边或角，玩起来都很安全。

惊喜绳

在你忙得无暇看着宝宝时，这个游戏可以让宝宝也有点事做，还能让他从中学到一些东西！这个游戏充满惊喜，宝宝会兴趣勃勃地玩好一阵子。

所需材料：

- 4 个小玩具
- 4 条 1 米左右长的彩色缎带或细绳
- 胶带
- 婴儿高脚椅

步骤说明：

1. 把每段缎带的一端分别绑在小玩具上。
2. 用胶带把缎带没有绑玩具的一端贴到婴儿高脚椅的托盘上。
3. 让宝宝坐进高脚椅，并固定好托盘。
4. 先让他研究一下缎带。
5. 示范给宝宝看，如何拉起缎带，当玩具出现时，配合惊喜的欢呼声。
6. 让宝宝想想要怎么处理这些缎带。
7. 宝宝把 4 个玩具都拿到时，把它们推到桌面外，让他再玩一次。

衍生游戏：

不用玩具，而是在缎带上绑一块食物，如薄脆饼干，当宝宝把食物拉到托盘上后，可以吃掉食物。

安全贴士：

不要让宝宝被缎带缠住。

跟手说话

跟手说话是一种很有趣的表达方式哦！运用这个方法，可以帮助初学说话的宝宝拓展语言技巧。

所需材料：

- 两只干净的白袜子，宝宝的尺寸
- 两只干净的白袜子，父母的尺寸
- 各种颜色的水彩笔
- 黑扣子或黑珠子、纱线、碎布，以及其他装饰用的东西（也可不用）
- 强力胶或针线
- 婴儿椅或地板

宝宝可以学到：

- 精细运动技能
- 语言能力
- 社交互动

步骤说明：

1. 在一双宝宝的袜子和一双成人的袜子上用水彩笔画上有趣的脸孔，如怪兽、动物或是卡通人物。用脚后跟当嘴部，脚趾当鼻子，把眼睛放在脚趾顶端。
2. 要想增加更多细节，就粘或缝上扣子当眼睛，用碎布做成舌头和嘴巴，用纱线做成头发，等等。
3. 让宝宝坐在婴儿椅或地板上。
4. 把宝宝的袜子套在他的手上，成人的袜子套在你的手上。
5. 让你的手和宝宝的手进行对话，要有有趣的主题、简单的句子，还要有新的词汇和短语。

衍生游戏：

让宝宝坐进婴儿椅，用你的袜子玩偶为他演一出玩偶剧。

安全贴士：

所有加在袜子上的细节都要牢牢固定，以免松脱后不小心被宝宝吞进嘴里。

管子说话

这个时期的宝宝语言能力迅速发展，1岁时只能说单个的词，到了1岁半时，他已经能说将近50个词了。借着这个游戏，你可以和宝宝一起好好体验一下演说的乐趣。

所需材料：

- 两个卷筒卫生纸芯，或把一根保鲜膜的纸芯裁成两半
- 各种颜色的无毒水彩笔
- 你的声音

宝宝可以学到：

- 发音改进
- 语言能力
- 听力

步骤说明：

1. 用无毒水彩笔在纸芯上做装饰，使它更漂亮，更有趣。可以让宝宝帮忙。
2. 拿起一根纸芯靠近你嘴边，对宝宝说话。
3. 把另一根纸芯给宝宝，让他模仿你。如果他需要帮助的话，你可以拿起纸芯放到他嘴边，鼓励他对着纸芯说话。
4. 用纸芯发出各种声响，也鼓励宝宝模仿你。

衍生游戏：

把一张硬纸板卷成冰激凌甜筒的形状，固定好，做成一个扩音器。对着这个自制扩音器发出不同的声音。

安全贴士：

由于宝宝会把纸芯放到嘴边，所以要用无毒的水彩笔。纸芯的边缘一定要平滑。

你好！

走梯子

在这个阶段，宝宝会渐渐熟悉步行的技巧。来玩这个游戏，挑战他的新技巧吧，宝宝在完成这桩有点棘手的任务时会很高兴哦！

所需材料：

- 木梯
- 大片的地板

步骤说明：

1. 把地板上的障碍物清理干净。

2. 把木梯放倒，平放在地板上。

3. 让宝宝站在梯子的一头，你自己则慢慢地走进每一个梯子横档之间的空隙，一直走到梯子的另一头。

4. 当你到达另一头时，转身呼唤宝宝的名字，鼓励他沿着梯子走向你。当他专注于走过梯子横档时，千万不要让他分心。他需要思考。

5. 宝宝抵达你身边时，为他欢呼，然后再玩一次。

衍生游戏：

当宝宝能熟练地走梯子之后，在空隙之间放一些玩具，让宝宝在旅程中一边走一边收回它们。

安全贴士：

不要使用有尖锐金属边缘的梯子，所以最好用木梯。

宝宝可以学到：
● 协调性和平衡能力
● 粗大运动技能
● 解决问题的能力
● 扫视能力和深度知觉

扭扭果冻虫

　　小时候，妈妈常挂在嘴边的一句话就是"不要玩食物"，为什么宝宝不能快乐地玩他的点心呢？这个游戏就是要打破这种老旧想法，宝宝应该有机会去嗅闻、品尝和触摸他的食物。

所需材料：
- 果冻粉
- 婴儿高脚椅

步骤说明：
1. 根据包装上的说明把果冻粉制成果冻，要稍硬一点。
2. 把果冻切成薄长条，大约10厘米长、1厘米粗，看起来很像毛毛虫。
3. 让宝宝坐进婴儿高脚椅，并固定好托盘。
4. 把果冻虫随意放在托盘上。
5. 让宝宝用他的手指和嘴巴来研究这些果冻虫。

衍生游戏：
在果冻里加进一些水果块、软糖或是橡皮糖，让游戏更加有趣。

安全贴士：
婴儿高脚椅的托盘一定要干净，因为宝宝会把吃的东西放在上面。如果要在果冻里面加别的材料，要确保宝宝吃的时候不会被噎住。

> 宝宝可以学到：
> - 认知能力
> - 探索能力
> - 精细运动技能
> - 自助技能

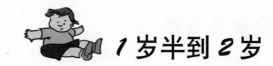

宝宝进入学步期后，你会注意到他有很多身体、认知、社交和情绪上的变化，这些新的变化将会让他更独立。

在身体方面，宝宝的肚子不再圆滚滚，肥肥的小腿会拉长，肌肉也会增加许多。短短胖胖的手指会变得纤细、灵巧，因此他可以在纸上画下他的各种设计图样，而不只是做记号而已。他可以跑、倒退着走、单脚跳、攀爬、骑三轮车，甚至会在光滑地面上滑着走！

宝宝的思维会变得越来越有逻辑，他开始了解事情的运作方式，可以把他学到的事物加以分类，由此进入更高层次的思考。一旦宝宝了解，不是所有4条腿的动物都是狗狗，不是所有男人都是爸爸时，他的世界就会开阔很多，也可以学习更多的东西。

在社交上，宝宝喜欢交朋友，虽然他和小伙伴可能会经常吵嘴，可是和好得也很快。虽然要宝宝了解"分享"这个概念还需要很长一段时间，但他已经越来越愿意跟别人分享他的玩具。

现在宝宝也比较能控制情绪了，也可以用语言来表达他的想法和需要。他的情绪越发复杂，也开始了解社会关系的概念，这意味着他正向大人寻求适当的情绪表达和社交机会。

总而言之，宝宝越来越不像个婴儿，而是越来越像个小大人，现在该进行更高水平的游戏了！

PLAY & LEARN

学动物走路

只要你能提供一点点协助，宝宝就可以好好享受这个游戏，你们需要的只是一些想象力和创造力。

所需材料：

- 动物的图片
- 进行曲的录音
- 地板

> **宝宝可以学到：**
> - 创造力和想象力
> - 粗大运动技能
> - 识别能力和分类能力

步骤说明：

1. 搜集走路姿势有特色的动物图片，如笨重的大象、踮着脚的猫、滑行的蛇、腿长长的鹤、摇摇摆摆的鸭子、小心翼翼的老鼠、8条腿的蜘蛛，等等。
2. 播放进行曲的音乐，使游戏更有气氛。
3. 给宝宝看第一张动物图片。
4. 接着，你开始学这种动物走路，要有创意地活动你的身体。
5. 鼓励宝宝跟随你的步伐。
6. 几分钟后，选出另一种动物，继续模仿。

衍生游戏：

在你模仿动物走路以前，先让宝宝示范一下这种动物走路的姿势。

安全贴士：

地板一定要保持干净，以免宝宝踩到任何东西而摔跤。

宝宝篮球

球类运动有助于手眼协调能力和粗大运动技能的发展，而且也可以给你的宝宝一种满足的成就感。陪宝宝玩玩这个为他设计的篮球运动，看看一些小小的练习可能会产生什么样的结果。

所需材料：
- 大型，质轻的塑料球或乳胶海绵球，直径大约 35 厘米
- 大型的篮子、盆或箱子，要大到球可以轻易放进去
- 地板

宝宝可以学到：
• 手眼协调能力
• 粗大运动技能
• 社交互动

步骤说明：
1. 把大篮子或其他大型容器靠在墙边。
2. 让宝宝站在离篮子大约 30 厘米的地方，把球递给他。
3. 鼓励他把球向篮子里抛。
4. 如果这个游戏对你的小小 NBA 球员太容易了，那么让他退后一两步；如果太难了，就让他往前走一步。

衍生游戏：
略微倾斜篮子，让球更容易进篮。用绳子或胶带标示投球位置，让宝宝知道该站在哪里。

安全贴士：
如果在室内玩，游戏区域里一定不能有易碎的贵重物品。

119

寻宝游戏

这是一个捉迷藏游戏，不过这个版本里，藏起来的不是人，而是宝藏，同时"海盗"还会提供寻宝线索哦！

所需材料：

- 小玩具或糖果
- 藏东西的房间

步骤说明：

1. 替宝宝选一样特别的玩具，或是挑几颗糖果，作为要寻找的宝藏。
2. 把东西藏在可以看见的地方，但是稍微加以掩饰，让寻找不会太容易也不会太难。
3. 把宝宝带进房间里，告诉他你已经藏了一个宝藏。
4. 让他开始寻找，并用"越来越近了"或"越来越远了"给他提示。
5. 当宝宝找到东西以后，再一次把它藏起来，反复玩这个游戏，直到宝宝玩腻了为止。

> **宝宝可以学到：**
> - 认知能力和思维能力
> - 语言能力
> - 物体恒存性
> - 解决问题的能力

衍生游戏：

让宝宝当"海盗"，藏玩具，由你来找。注意不要太快找到。

安全贴士：

确定房间很安全，以免宝宝在玩的时候可能会绊倒或弄伤自己。

烤饼干

厨房能提供各种机会，教导宝宝快速成长，从语言发展到肌肉运动，以及认知成长的方方面面。帮宝宝烤出属于他的第一块饼干。

所需材料：

- 冷冻饼干面团
- 擀面棍
- 面粉
- 饼干模
- 烤盘
- 糖屑
- 烤箱

宝宝可以学到：
• 认知能力
• 精细运动技能
• 语言发展
• 数学能力与科学观念

步骤说明：

1. 在冷冻饼干面团上撒薄薄一层面粉，用擀面棍把面团擀成薄片，可以让宝宝帮你完成这个步骤。
2. 给宝宝饼干模，同时示范给他看，要怎样把它们压进薄片里，怎样脱模。
3. 把脱模的饼干面团放在烤盘上。
4. 把烤盘放进烤箱里烘烤，出炉，晾凉。
5. 用一杯牛奶配着饼干吃。

衍生游戏：

给宝宝一管奶油糖霜，让他在饼干上挤出他设计的花样。

安全贴士：

在厨房里要随时注意着宝宝，以免他割伤、刺伤或烫伤自己。

121

蜗牛爬呀爬

有一段时期，宝宝可能会出现成长倒退的情形，例如即使他已经可以走得很好，可也许会再度喜欢上爬行的安全感。这时请你也一起趴下来，邀请宝宝加入这个游戏。

所需材料：

- 枕头、靠垫、填充动物玩具、毯子，以及其他柔软的障碍物
- 大片地板

宝宝可以学到：

- 应对兴奋与恐惧的能力
- 粗大运动技能
- 解决问题的能力
- 社交互动

步骤说明：

1. 用柔软的障碍物铺满大片地板，为宝宝设置挑战。
2. 让宝宝在房间的另一端趴下来。你也在他的后面趴下来。
3. 说"我是蜗牛，我要抓住你"，然后开始爬着追他。
4. 鼓励宝宝爬着逃走。
5. 继续追他，看着他设法绕过障碍物。
6. 当他玩腻的时候，反过来，让他追你。

衍生游戏：

为宝宝安排一块安全区，如毯子，在游戏规则里加上：当宝宝在毯子上时，"蜗牛"不能碰他。当宝宝进入他的安全区时，你就离开，让他有机会休息一下，然后再继续冒险，你也继续追逐。

安全贴士：

千万不要引起宝宝的惊慌，否则他会害怕，就不喜欢这个游戏了。

宝宝跳舞

知道你家的宝宝节奏感十足吗？只要音乐响起，他就会翩然起舞。拉着他进入舞池，一起享受跳舞的乐趣。

所需材料：

- 录音机或 CD 播放机
- 舞曲
- 地板

> **宝宝可以学到：**
> - 协调性和平衡能力
> - 听力
> - 肌肉运动
> - 社交互动

步骤说明：

1. 准备各式各样的音乐，例如流行乐、古典乐、摇滚乐，也可以是儿歌。
2. 让宝宝站在地板中央，播放音乐，让他跟着音乐的节奏随意跳舞。
3. 换一种音乐，看看宝宝怎样配合曲调调整他的舞蹈动作。
4. 跳几分钟以后，玩一个游戏：当你关掉音乐时，你和宝宝都要停止不动，音乐再响起时才可以继续跳舞。不时关掉音乐，欣赏彼此滑稽的姿势。
5. 继续变换音乐跳舞，一边跳一边自由编舞步。

衍生游戏：

用拍手或跺脚配合音乐节奏，同时一边跳舞一边唱歌。把跳舞的画面录下来，放给宝宝看。

安全贴士：

确定地板不会太滑，以免宝宝滑倒摔跤。为了增大摩擦力，可以试着让宝宝光着脚跳舞。

打扮爸爸

通过辨识人们的打扮，宝宝已经可以区分男人和女人、男孩和女孩。这里有一个机会让宝宝替爸爸打扮，同时他也可以学习怎样整理衣物。

所需材料：

- 一些干净的衣物，包括爸爸外出时穿的一整套衣服，以及其他各种衣物
- 大片地板

<table>
<tr><td>宝宝可以学到：</td></tr>
<tr><td>● 分类能力和排序能力</td></tr>
<tr><td>● 精细运动技能</td></tr>
<tr><td>● 性别差异</td></tr>
</table>

步骤说明：

1. 在地板或床上摊开衣物。
2. 告诉宝宝你想替爸爸打扮，需要宝宝帮忙。要求宝宝选择第一件衣物，鼓励他找出爸爸的某件衣物，如爸爸的短裤、袜子或背心等。
3. 让宝宝继续为爸爸找出合适的衣物，然后在地板上排成一排。
4. 让宝宝把衣服按顺序放好：衬衫压在背心上面，上衣放在裤子上方，等等。必要的时候你来加以修正。
5. 把爸爸打扮好以后，再玩一次，让宝宝来打扮妈妈。

衍生游戏：

如果家里有很大的玩具娃娃，可以让宝宝用他自己的衣服为玩具娃娃打扮。

安全贴士：

在玩这个游戏的时候，小心宝宝可能会被松脱了的扣子、难处理的拉链，以及打开的别针伤到，要特别注意。

凉冰冰，真有趣

随着成长和发展，宝宝会从许多有创意的方式中享受水的特性。

所需材料：

- 冰格
- 小塑料玩偶
- 冰箱
- 浴缸

宝宝可以学到：
• 因果推理能力
• 探索能力
• 肌肉的运动和控制

步骤说明：

1. 把小塑料玩偶放进冰格里。

2. 在冰格中加水，放入冰箱中冻成冰块。

3. 在浴缸里放温水。

4. 把宝宝放进浴缸里。

5. 把冰块也放进浴缸。

6. 让宝宝在水中探索冰的特性，同时协助他了解，当冰块融化时会发生什么事。

衍生游戏：

使用牛奶盒来做更大的冰块，同时放入更大的玩具，还可以用食用色素来染色以增加趣味。

安全贴士：

注意保持水温，在冰块降低水温时，应该加入更多温水。你要一直留意着浴缸里的宝宝，防止发生意外。

手指小鬼

　　咦？你手指上那个可怕的东西是什么？是手指小鬼！不用等到万圣节，这个小游戏一样会让宝宝玩得很开心！

所需材料：

- 白色纸巾或手帕
- 橡皮筋或绳子
- 水彩笔
- 你的手指

宝宝可以学到：

- 创造力和想象力
- 精细运动技能
- 社交互动

步骤说明：

1. 用白色纸巾或手帕裹住你的食指，用橡皮筋或绳子绑紧。
2. 用水彩笔在纸巾或手帕上画上一张小脸，画上两只眼睛、一个鼻子和一张嘴。
   如果你用的是纸巾，小心水彩笔的墨水可能会洇开。
3. 把宝宝抱在你的大腿上，伸出你的手指让他熟悉这个手指小鬼。
4. 和手指小鬼说话，四处移动它，吸引宝宝的注意力。
5. 念下面的儿歌，配合动作：

   > 一个小白鬼，飞——过去（把手指头抬高，然后在空中移动），
   > 一个小白鬼，飞——过去（反复）。
   > 它飞得好高好高（把手指抬得更高），
   > 又飞回来说："拜拜！"（把手指往下移动，接着把它藏起来）

衍生游戏：

把宝宝的一根手指变成一个手指小鬼，然后一起玩。

安全贴士：

千万不要把宝宝手指上的橡皮筋或绳子绑得太紧。

什锦蛋糕

如果你的宝宝很挑食，或是有点挑剔，让他玩玩这个游戏，挑剔也会变得很有趣！

所需材料：

- 蛋糕模
- 6 种不同的麦条或麦圈
- 6 个碗

宝宝可以学到：

- 分类能力
- 感官开发
- 精细运动技能

步骤说明：

1. 在每个碗里分别放入不同的麦条或麦圈。

2. 把碗放在桌子上排成一排。

3. 把蛋糕模放在碗后面，宝宝容易够到的地方。

4. 把每种麦条或麦圈拿一个放到蛋糕杯里，每种麦条或麦圈各一格。

5. 要求宝宝把碗里的麦条或麦圈和蛋糕模里的样本加以配对。

6. 让他把每一个蛋糕杯都填满相同的麦条或麦圈。

7. 告诉宝宝，可以边玩边吃一点麦条或麦圈。

衍生游戏：

为了让游戏更具有挑战性，可以把每一种麦条或麦圈都倒一些在桌子上，并混合在一起，让宝宝把它们分开，并且放进正确的蛋糕杯里。

安全贴士：

如果你用的不是麦条或麦圈，而是其他食物，要确定宝宝不会被噎到。

彩虹面团

宝宝短短胖胖的手指开始变得细长，也就更善于完成他想要做的事情。在宝宝运用创造力时，让他多多练习精细运动技能。

所需材料：

- 4 杯面粉
- 1 杯盐
- 2 杯水
- 碗
- 红、蓝、黄和绿色的食用色素
- 厨房的工具，如塑料餐具、擀面棍、饼干模等

> **宝宝可以学到：**
> - 因果推理能力
> - 创造力与想象力
> - 精细运动技能
> - 感官刺激

步骤说明：

1. 将面粉、盐和水在碗里混合制成面团，用手揉面，直到各种材料混合均匀。
2. 把面团分成 4 份，每份用几滴食用色素染色，做出一团红面团、一团蓝面团、一团黄面团和一团绿面团。用手揉面团，直到食用色素混合均匀为止。
3. 让宝宝坐在桌子旁边，然后把这 4 个面团放在他面前。
4. 给他塑料餐具、擀面棍、饼干模和其他厨房工具，协助他探索面团的特性。

衍生游戏：

当宝宝用面团做好某样东西时，把面团放进烤箱以 250℃ 烤一个小时或更久，直到面团变得坚硬为止。把面团从烤箱拿出来，晾凉，然后把这个新玩具给宝宝玩。

安全贴士：

千万不要让宝宝吃面团。

红灯停，绿灯行

当宝宝开始往前走的时候，大声叫"红灯"，让他站住不动。只要你叫"绿灯"，他就又可以开始走了！

所需材料：

● 绳子或胶带

● 地板

宝宝可以学到：
● 平衡能力与协调性
● 因果推理能力
● 粗大运动技能
● 听力

步骤说明：

1. 在房间一侧的地板上放一条绳子或胶带。

2. 在另一侧也放一条绳子或胶带，和第一条平行。

3. 清理这两条线中间的地板。

4. 带宝宝来到房间的一端，站在线的后面。

5. 你自己站在另一条线的后面。

6. 告诉宝宝，你现在是交通警察，当你说"绿灯"时，他要试着到达你身边，并且跨过你这边的线；可是如果你说"红灯"，他就得立刻停下来不准动。

7. 先练习一下：面对宝宝，大声叫"红灯"或"绿灯"，注意他的反应。如果有必要，就纠正他，并且再解释一次游戏规则。

8. 练习成功后，你要转过身去背对着宝宝，然后开始喊："绿灯！"

9. 很快喊"红灯"，接着转身，如果宝宝移动了，就逮住他。

10. 一直玩到他越过线为止。

11. 换他当交通警察。

衍生游戏：

让宝宝请他的小朋友一起来玩这个游戏。或者当你喊"红灯"或"绿灯"时，举起红色或绿色的标志牌。

安全贴士：

确定地板上所有的障碍物都已经清除，以免宝宝绊倒。

一样不一样

在这个阶段，宝宝的认知能力迅速发展。现在他已经能够根据物品的相似性和差异性来加以分类了。以下是一个加强这种技巧的游戏。

所需材料：

- 扑克牌、填充动物玩具、积木、照片、玩具娃娃、塑料餐具等物品
- 袋子
- 桌子

> **宝宝可以学到：**
> - 分类能力和排序能力
> - 区分相似和不同的能力
> - 认知技巧的精密调整

步骤说明：

1. 搜集各种玩具和物品，将物品三三分组，每组中的一个物品要与另外两个不属一类。
2. 把每一组物品分别放在不同的袋子里。
3. 让宝宝坐在桌子旁，然后把一个袋子放在桌子上。
4. 把3样东西从袋子里拿出来，摆在桌子上。
5. 问问宝宝，哪一样东西和另外两样不一样。让他考虑几分钟，如果他有困难的话，问他物品的特点，给他提示，协助他区别其中的不同。
6. 把其他袋子一个个拿过来，让他猜哪一个东西是不同类的。

衍生游戏：

用食物来玩这个游戏，如使用薄脆饼干、奶酪、饮料、糖果、面包、饼干等。

安全贴士：

给宝宝拿的东西一定要很安全。

开鞋店

趁宝宝用两只小脚摇摇摆摆走路时，来一趟鞋店之旅。你可以为他的蹒跚学步增加一点挑战性，让宝宝跟随着你的大脚前进吧。

所需材料：

- 很多双各种尺寸的鞋子
- 袜子（也可不用）
- 干净的地板

宝宝可以学到：

- 平衡能力与协调性
- 粗大运动技能
- 分类能力

步骤说明：

1. 从鞋柜里选出几双各式各样的鞋子，如高跟鞋、靴子、凉鞋、运动鞋等。
2. 把鞋子放在地板中央。
3. 让宝宝去了解鞋子。
4. 把鞋子混在一起，让宝宝一对一对搭配好。
5. 让他穿上鞋子，试着到处走走。

衍生游戏：

让宝宝试着穿不是一对的鞋子走路，
例如一只靴子配一只凉鞋。

安全贴士：

留心看着宝宝，以免他把
脏鞋子塞进嘴巴里。

滑稽鞋

这个游戏可以让宝宝在学习走路技巧时多一点乐趣，促进宝宝粗大运动技能的发展，同时也挑战他的平衡能力及理解力。最重要的是，这个游戏真的很有趣！

所需材料：

- 各种材料，如纸片、魔术贴、人造毛皮、硬纸板、泡沫塑料、软塑料等
- 胶带
- 地板

> **宝宝可以学到：**
> - 平衡能力与协调性
> - 创造力和想象力
> - 探索能力
> - 粗大运动技能

步骤说明：

1. 用一种材料，例如一块人造毛皮，把它包在宝宝脚上，用胶带固定住。
2. 让宝宝穿着这双滑稽毛皮鞋到处走。
3. 把这双鞋脱掉，换另一种材质，如纸板，制作一双鞋。
4. 再让宝宝穿着他的滑稽纸板鞋到处走。
5. 继续做另一种材质的滑稽鞋，让宝宝试穿。

衍生游戏：

让宝宝提出他对鞋子的创意，并且帮他做出那种鞋子。

安全贴士：

确定宝宝有一块干净的区域可以练习走路，没有任何障碍物会绊倒他。

蜘蛛结网

　　宝宝会到处走来走去，而且喜欢偶尔来一点挑战。给他做一个网，看他如何想办法走出这个迷宫。

所需材料：

- 一束彩色的毛线
- 有家具的大房间
- 透明胶带

> **宝宝可以学到：**
> - 手眼协调能力
> - 精细运动技能和粗大运动技能
> - 解决问题的能力

步骤说明：

1. 拿一束彩色的毛线，一头绑在房间一角的家具上，跟宝宝的高度接近。
2. 一面松开毛线，一面用胶带把它固定在不同家具上。注意毛线要一直维持在宝宝的高度。
3. 当你把房间用毛线绕好时，从毛线尾端留大约 30 厘米长，然后剪断。
4. 把尾端留在房间外面，吸引宝宝走进结了"蜘蛛网"的房间。
5. 告诉宝宝捡起线头，跟着它走。
6. 当宝宝跟着毛线通过迷宫时，在一旁注意看着他，直到他抵达尽头为止。

衍生游戏：

在毛线上绑上小玩具，让宝宝在通过迷宫时收集起来。

安全贴士：

一定要小心地注意着他，以免他被毛线缠住。

贴贴乐

你绝对想不到，贴纸也可以成为宝宝快乐游戏的一环，赶快搜集各种贴纸，跟宝宝来一场身体寻宝吧！

所需材料：

- 20~30 张贴纸
- 纸和铅笔
- 宝宝的身体

步骤说明：

1. 购买各种会吸引宝宝的贴纸，并写一张贴纸清单。

2. 在纸上画出宝宝的身体轮廓，正面和背面各一张。

3. 让宝宝站在房间的中央，然后把所有的贴纸贴在他身上——有些贴得比较隐蔽，有些则很容易看到。

4. 按照清单念出其中一个贴纸的名称。

5. 让宝宝试着找出藏在他身上的这个贴纸。

6. 当他找到后，把这个贴纸从身上揭掉，贴到身体轮廓图的相应部位上。

7. 继续游戏，直到所有贴纸都从宝宝身上转到身体轮廓图上。

衍生游戏：

把贴纸全部贴在你身上，让宝宝找出所有藏在你身上的贴纸。

安全贴士：

千万不要在宝宝的头发上贴任何贴纸，同时在游戏结束以后，要回收所有的贴纸。

丝带舞

在这几个月里，你很难让宝宝老老实实待在一个地方不动，所以当他到处跑来跑去的时候，给他一点特别的事情做！

所需材料：

- 约 30 厘米长的木棍或塑料棍
- 1 米长的丝带、布条或皱纹纸
- 胶带
- 音乐

> **宝宝可以学到：**
> - 平衡能力与协调性
> - 粗大运动技能
> - 视觉跟踪能力

步骤说明：

1. 用胶带把丝带的一端绑在木棍或塑料棍顶端。
2. 把附有丝带的棍子拿给宝宝，同时示范给他看如何挥舞丝带。
3. 让宝宝用丝带挥出大圆圈、小圆圈、八字形、蛇形等。
4. 加上音乐，让宝宝随音乐挥舞。

衍生游戏：

在这根棍子上多绑几条丝带，制造彩色、多层次的"丝带旗"。让宝宝拿着他的"丝带旗"，随着音乐，绕着房间走。

安全贴士：

棍子上不能有尖锐或粗糙的边缘，而且材质要轻。宝宝玩丝带时要随时注意他，以免他被丝带缠住。

摸摸看

　　父母总是经常会要求宝宝："不要摸！"其实，宝宝天生就喜欢通过触摸来认识世界。所以，不如提供一个机会，既能让宝宝开心，又能教育他。在这个游戏里，你可以改口对他说："摸摸看！"

所需材料：

- 6个小纸袋
- 6种不常摸到的东西

步骤说明：

1. 在每个纸袋里放一种手感特别的东西，如绒球、黏土、海绵、棉花团、刷子，等等。
2. 把袋口封好，放在地板上。让宝宝坐在袋子旁边。
3. 打开其中一个袋子，让宝宝把手伸进袋子里，可是不能往里面看。如果宝宝不愿意把手伸进去，你可以先示范一下。
4. 问宝宝感觉到有什么，看看他能不能猜出那个东西。
5. 如果他猜不出来，把你的手放进袋子里，把里面东西的手感描述给宝宝听。
6. 如果他还是猜不出来，就把东西拿出来。

衍生游戏：

把各种食物放在袋子里，让宝宝摸一下，猜猜它们是什么，然后吃掉。

安全贴士：

要摸的东西一定要安全，不能有尖角或锋利的边缘。

> **宝宝可以学到：**
> - 认知能力
> - 探索能力
> - 想象力
> - 感官开发

动物园的声音

宝宝很快就会开始学着认识他周围的世界，了解动物是这项学习中非常有趣的环节。这个游戏能帮助宝宝把声音和动物加以配对。

所需材料：

- 各种动物的图片
- 录音机和录音带

宝宝可以学到：
● 分类能力和配对能力
● 探索能力
● 听力

步骤说明：

1. 搜集叫声特殊的动物的图片，如鸭子、小鸡、狗、猫、马、牛、鸟、青蛙、狮子、熊等。

2. 模仿每一种动物的叫声，并用录音机录下来，每两种声音之间要停顿一下。

3. 让宝宝坐在地板上或桌子旁边，或坐在你大腿上。

4. 把各种动物图片都放在宝宝面前。

5. 让宝宝仔细看每一张图片，辨认各种动物。

6. 打开录音机，告诉宝宝注意听。

7. 听到一个叫声后，按下暂停键，让宝宝试着找出会发出这种叫声的动物的图片。

8. 继续播放，直到宝宝把所有动物和叫声都一一配对。

衍生游戏：

如果这个游戏对宝宝来说太难了，可以先播放录音，同时给他看和每一种叫声对应的动物图片。接着再播放一次录音，看他是否能记得哪种叫声和哪种动物是一组的。

安全贴士：

不要把声音弄得太大或太吓人。

哞

137

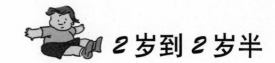

　　宝宝过完两岁生日后，就越来越像个小大人，而不再是个小婴儿了。他不需协助就可以完成许多事情（但还是需要大人在旁注意），也能了解他周遭的日常生活是怎么一回事。

　　宝宝的身体几乎已经可以做出所有成人能完成的动作，只是力量和耐力不足。换句话说，他很快就会疲倦，需要经常补充健康的小点心和短暂的小睡。宝宝会想要模仿你们做的事，可以让他在洗衣服、打扫、做饭等家务上帮你的忙。此外，每天让宝宝完成一点属于他自己的小工作，能让他建立成就感和自信。

　　大约在这个时期，宝宝能学会好好握住水彩笔、蜡笔或铅笔，也可以画得更好。给他很多画的时间，为他准备好大张的纸和大尺寸的写字簿。在这个年纪，规矩并不是最重要的，所以不要给他填色图，只要让他画出他想画的就行了。不受引导的绘画确实不太能锻炼精细运动技能，但它却有利于情绪表达。

　　当宝宝思考环境中的事物时，会进一步了解因果关系，更能自己想办法完成任务。当宝宝试着自己完成工作时，你可以在必要时给他建议，但千万不要替他做每一件事，或是告诉他怎样"正确"地做一件事，要给他学习独立思考的机会。多向宝宝提出"怎么样"或"为什么"之类的开放性问题，而不是没有留下解释和研究空间的是非问题，借此启发宝宝的创造力和好奇心。

PLAY & LEARN

对这个年纪的宝宝来说，语言是一种有趣的工具，所以唱歌、押韵游戏、滑稽的笑话，或是扮演喜欢的故事书中的角色都是宝宝喜欢的游戏。提供大量的绘本给你的宝宝自己"读"，因为书籍能提供想象、发展语言的技巧以及鼓励儿童思考的机会。

宝宝知道自己可以做什么，但有时他会高估自己的能力；你不妨试着帮助他成功，让他保持自信。宝宝越有信心，就越能完成任务——现在和以后都是如此。让宝宝和其他小朋友交往，让他学习团体活动中需要的基本社交技巧，以及和其他人互动的能力，将会帮助你的宝宝适应幼儿园的生活。

当宝宝继续表达情绪的时候，千万不要制止他，而是为他提供能正确表达的字词。正像前面所说，艺术活动会帮助儿童表达一些不容易表达的情绪。

宝宝已经两岁了，现在已经没有任何事可以阻挡他！试着跟上他无穷的精力吧！

PLAY & LEARN

大嘴巴小丑

宝宝已经掌握了一定的手眼协调能力，判断空间关系的能力也改善了，所以可以带他玩这个游戏。此外，他也会喜欢击中目标的感觉。

所需材料：

- 大纸箱
- 剪刀或美工刀
- 蜡笔、颜料或水彩笔
- 沙包、海绵或袜子球

> **宝宝可以学到：**
> - 手眼协调能力
> - 精细运动技能和粗大运动技能
> - 空间关系

步骤说明：

1. 用水彩笔在大纸箱上画一个小丑的脸，做两只圆圆的眼睛，面积比一个沙包大一些，再画上一个大大的嘴巴（比眼睛更大）。

2. 用剪刀或美工刀剪下眼睛和嘴巴。

3. 为小丑上色，然后加上一些细节，如睫毛、头发、鼻子等。

4. 把小丑的脸靠在一面墙上，把沙包、海绵或袜子球放在1米以外的地方。

5. 让宝宝站在沙包等旁边，试着把它们抛进小丑的嘴巴里。

6. 当他熟练之后，再试试把沙包等抛进眼睛里面。

衍生游戏：

做5个不同大小的洞，宝宝可根据投入洞不同而得到不同的分数。

安全贴士：

抛掷用的物品要柔软，以免万一宝宝没扔准而打破东西。

跳舞真开心

大多数幼儿都喜欢通过音乐来表达情绪，表现自己。给宝宝一个机会，让他可以发挥创意做肢体表达，好好扭一扭。

所需材料：

- 各种音乐，如伦巴、华尔兹、波尔卡、摇滚乐、爵士乐、民族音乐，等等
- 录音机
- 开阔的空间

宝宝可以学到：

- 平衡能力与节奏感
- 身体意识
- 创造力
- 听力

步骤说明：

1. 用录音机录下各种类型的音乐，每种几分钟，但要有一个比较完整的曲调，以便编出相应的舞步。一首曲子后面紧接着录另一首曲子，好让音乐可以持续不断地播放。

2. 播放音乐，站在房间的中央。

3. 第一首曲子开始时，随着音乐起舞，同时鼓励宝宝跟你一起跳舞。

4. 音乐变换的时候，也要配合音乐改变你的舞蹈，同时鼓励宝宝和你一起变换舞步。跳到尽兴为止。

衍生游戏：

让宝宝根据音乐节奏自创舞步，由他领着你跳舞。

安全贴士：

确定房间已经清理干净，跳舞的时候不会踩到任何东西。如果累了，就休息一下。

化装大游行

你的小宝贝似乎等不及长大，变成爸爸妈妈的模样。让宝宝有机会扮演大人——或至少打扮得像个大人——然后举办一场化装游行！

所需材料：

- 各式各样打扮用的衣物，如帽子、外套、手套、假发、鞋子、裤子、上衣、连衣裙、丝巾、首饰，等等
- 大镜子

宝宝可以学到：

- 性别差异
- 自我意识
- 自助技能
- 排序能力

步骤说明：

1. 到二手店买一些容易穿、很舒适，而且打扮起来很有趣的衣物。

2. 把这些衣物放在箱子里，然后把箱子放在房间中央。

3. 和宝宝一起去研究这箱衣物。

4. 试穿其中一些衣物，接着照照镜子，看看你们的新模样。

5. 等你们全都打扮好以后，举办一场化装游行，穿着你们的新衣服在附近或家里走一走。

衍生游戏：

每件衣服都可以有不同的搭配，例如各式各样的帽子、鞋子、丝巾、假发等。

安全贴士：

小心不要让宝宝被衣服缠住。

绒板故事

宝宝的语言能力在快速成长，可有时候他的口头语言无法跟上他的表达需求。这时候，给宝宝一块简单的绒板，让他说出他的故事！

所需材料：

- 大块绒布
- 大约1米见方的小黑板、告示板或木板
- 胶水
- 各种颜色的魔术贴
- 宝宝喜爱的绘本，如《三只小猪》
- 剪刀
- 水彩笔

> **宝宝可以学到：**
>
> - 情绪表达
> - 精细运动技能
> - 语言能力和词汇量
> - 社交互动

步骤说明：

1. 用绒布覆盖住小黑板、告示板或木板，用胶水固定，晾干，做成绒板。
2. 挑一本宝宝最喜欢的绘本，选出要制作的角色，接着从魔术贴上剪下这些角色的形状。例如，如果你选了《三只小猪》这本绘本，就从粉红色的魔术贴上剪下三只小猪，从黑色的魔术贴上剪下一匹狼。
3. 用水彩笔画上一些细节。
4. 把绒板挂到墙上。
5. 和宝宝一起面对绒板坐下，然后把这些魔术贴做成的角色贴到绒板上。
6. 讲故事，随着故事发展，让魔术贴做成的角色做出相应的动作。

衍生游戏：

从魔术贴上剪下你想要的形状，然后让宝宝用他喜欢的方式把它们贴到绒板上。

安全贴士：

绒板一定要在墙上固定好，以免它掉下来砸到宝宝。

我高兴，我伤心，我生气

从出生的那一刻起，宝宝就开始体验各种情绪了，他也懂得痛苦、惊喜，甚至愤怒。

所需材料：

- 纸板
- 水彩笔
- 压舌板（也可不用）
- 透明胶带
- 绘本

宝宝可以学到：
● 认知能力
● 情绪表达
● 语言能力和词汇量

步骤说明：

1. 在纸板上画下各种不同的脸，每张脸都表达一种不同的情绪，如高兴、悲伤、生气、快乐、恐惧，等等。

2. 在每一张纸板的底部贴上一根压舌板当把手。

3. 把宝宝抱到你的大腿上，挑一本关于情绪表达的绘本读给他听。

4. 当书中提到一种情绪时，拿出正确的纸板，把它举到你的脸旁边。

5. 告诉宝宝哪个词可以表达这种情绪，然后让他做出相似的表情。

6. 继续读故事，并且在适当的时候依次举起那些纸板。

衍生游戏：

举起这些纸板的时候，用你的脸去模仿那种情绪，并用语言介绍这种情绪，例如举起一张生气的脸，说"我生气了"。

安全贴士：

用压舌板时要小心，避免戳到宝宝。也可以不用压舌板，只要抓住纸板边缘就可以了。

配不配

这个升级版的配对游戏适合这个阶段的宝宝，因为他的思考能力已经大大进步。准备更多可以配对的有趣东西，让这个游戏更好玩。

所需材料：

- 可配成对的物品，如锁和钥匙、纸和笔、香皂和毛巾、果酱和面包、袜子和鞋子、螺帽和螺栓等
- 桌子

宝宝可以学到：

- 分类能力
- 手眼协调能力
- 精细运动技能
- 思维能力

步骤说明：

1. 搜集成对相配的物品，尽量简单些。可以准备一两组比较复杂的物品，来挑战你的宝宝。

2. 把所有物品都放在桌子上，但不要把成对的物品放在一起。

3. 把宝宝带到桌边，让他看看这些物品。

4. 拿出一样物品，要他从其余物品里面找出一样可以配对的。如果需要的话，给他一点提示。

5. 当他找到配成一对的物品时，表扬他，然后把这一组放到一旁，再选另一样物品。

6. 继续玩，直到所有的物品都配成对为止。

衍生游戏：

宝宝熟悉了实物配对以后，下次游戏时可以改用图片。图片不仅会让游戏更富有挑战性，也提供了更大的选择范围。

安全贴士：

给宝宝玩的所有东西都要确保安全。

藏音乐

宝宝运用各种感觉来了解他的世界。他的思维会刺激运动神经产生反应，而这个反应会导致更高层次的思维。这个游戏会加强宝宝最重要的两种感觉——听觉和视觉。

所需材料：

- 发条音乐玩具或用电池的小录音机
- 游戏室

宝宝可以学到：
● 粗大运动技能
● 解决问题的能力
● 听觉
● 视觉

步骤说明：

1. 将音乐玩具的发条旋紧，然后把它藏在游戏室的某个地方，打开开关。
2. 把宝宝带进游戏室，让他循声寻找玩具。
3. 当宝宝找到玩具后，夸奖他一番，让他走出游戏室，然后你再一次把玩具藏起来。

衍生游戏：

换成宝宝把玩具藏起来让你找。也可以藏两种玩具，让宝宝必须先分辨声音的不同，才能去找玩具。

安全贴士：

千万不要把玩具藏得太难找——宝宝应该能轻易找到它，而且不需要爬高或是把什么东西翻倒。

妈妈，行吗

随着宝宝的语言技巧日益提高，他对各种不同的表达方式会有所回应。用这个游戏来进一步锻炼宝宝的语言技巧吧！

所需材料：

- 绳子或胶带
- 大片地板

宝宝可以学到：
● 粗大运动技能
● 语言能力
● 听力
● 社交互动

步骤说明：

1. 把一段绳子或胶带沿着游戏区的一边放好，作为线 A，然后在线 A 几米以外的地方做一条平行线 B。

2. 把宝宝带到线 B 后面，告诉他等候你的指示。

3. 你站在线 A 的后面。

4. 对他解释游戏的规则，他一定要在遵照指令采取行动前先问："妈妈，行吗？"

5. 给宝宝一个指令，如："××（宝宝的名字），往前走三步。"

6. 宝宝要说："妈妈，行吗？"如果他说了，你可以说"行"或是"不行"，他才能按你这一次的回答做出反应。

7. 如果他忘了说"妈妈，行吗"，就得回到原来的位置，重新开始。

8. 当他终于走过线 A 的时候，换成他当"妈妈"。

衍生游戏：

邀请宝宝的小朋友和宝宝一起玩这个游戏。途中放一些小点心或玩具，让这个游戏更好玩。

安全贴士：

确定游戏区域里没有障碍物。

我的劲爆装

当宝宝知道怎么穿衣服时，想办法用一种全新的方式替他打扮。不过这种"衣服"很特别，宝宝可能得用一种特别的方式脱掉它。

所需材料：

- 大张的皱纹纸或包装纸
- 透明胶带
- 镜子

宝宝可以学到：
● 粗大运动技能
● 解决问题的能力
● 触觉

步骤说明：

1. 购买足够遮住宝宝身体的皱纹纸或包装纸。

2. 让宝宝站在镜子前面，然后脱掉他的衣服，只留下尿布。

3. 把皱纹纸或包装纸缠绕在他身上，制造出一件新的"衣服"。让宝宝从镜子里看着你做这个步骤。

4. 把纸用胶带固定好。

5. 让宝宝从镜子里看看他的新衣服。

6. 如果他喜欢自己的新衣服，就让他想想该怎样脱掉它。

衍生游戏：

试试其他不同种类的纸，如蜡纸、报纸等。

安全贴士：

不要用纸盖住宝宝的脸，保证他可以正常呼吸，并能看到发生了什么事。不要让"衣服"太紧或是不舒服，否则宝宝可能会不喜欢这个游戏。

小毛驴

宝宝觉得无聊吗？带他站起来动一动，顺便玩个游戏吧！

所需材料：

- 大片地板
- 你的声音

<table>
<tr><td>宝宝可以学到：</td></tr>
<tr><td>● 身体意识</td></tr>
<tr><td>● 粗大运动技能</td></tr>
<tr><td>● 语言能力和词汇量</td></tr>
<tr><td>● 听力</td></tr>
<tr><td>● 社交互动</td></tr>
</table>

步骤说明：

1. 你和宝宝都穿上舒适的衣服。

2. 站在一片已经清理过的地板中央。

3. 唱下面这首歌，边唱边做出相应的动作：

> 我有一只小毛驴，我从来也不骑（转个圈），
>
> 有一天我心血来潮，骑着去赶集（骑马的动作）。
>
> 我手里拿着小皮鞭，我心里正得意（甩马鞭的动作）；
>
> 不知怎么哗啦啦啦，摔了一身泥（跌倒在地板上）。

衍生游戏：

用任何一首宝宝喜爱的儿童歌曲来加以变化，同时加上你自己编的动作。可以试试《我有一只小羊羔》等。

安全贴士：

确定有足够的空间，不会在游戏时无意踩到任何东西。不要转圈转得太快，不然宝宝可能会头晕。

涂鸦

　　宝宝很快就会写自己的名字了，可是在迈向这个阶段前，他需要先通过涂涂写写来开始练习精细运动技能。涂鸦很快就会变成图案，图案会变成图画，然后一转眼，他已经会写字了！

所需材料：

- 大号水彩笔
- 大张白纸
- 儿童桌

步骤说明：

1. 把水彩笔和白纸放在桌子上。
2. 让宝宝坐在桌子旁边。
3. 和宝宝坐在一起，也一块儿在纸上涂涂写写。鼓励他画出各种记号，如圆点、直线、曲线、圆圈等。
4. 不要问"这是什么"，要宝宝自己向你解释他的艺术作品。
5. 不要画出图案让他模仿，要让他按自己的想法随意涂写。随着他越来越能控制笔，他的作品可能就会越来越容易辨认。

衍生游戏：

不用笔，改用油漆和刷子。

安全贴士：

使用无毒的水彩笔，并且告诉宝宝不要把它放进嘴里。

> **宝宝可以学到：**
> - 情绪表达
> - 精细运动技能
> - 语言能力

响响罐

宝宝的听力变得越来越敏锐，认知技巧也在进步，渐渐可以区分很多种声音。用这个游戏来测试他的敏锐度！

所需材料：

- 10 个相同的有盖小容器，如药罐、小盒子、纸杯等
- 5 种可以放进容器里并能制造声音的东西，如米粒、豆子、玉米粒、珠子、盐粒、小球、石头等。
- 桌子或地板

> **宝宝可以学到：**
> - 差异性
> - 听力
> - 社交互动

步骤说明：

1. 把各种东西放进小容器里，同一种准备一对，也就是准备两罐米粒、两罐豆子等。
2. 如果容器是透明的，要用纸把它包起来。
3. 把容器放在桌子或地板上，跟宝宝一起坐下来。

哗啦
哗啦

4. 选一个小容器，拿起来摇一摇。
5. 让宝宝挑另一个小容器，也拿起来摇一摇。
6. 问宝宝声音是不是一样。
7. 把每个小容器都拿起来摇一摇，直到宝宝找到一个发出声音跟第一个小容器相同的为止。
8. 继续玩，直到所有小容器都配好对，然后让宝宝看看里面装的是什么。

衍生游戏：

在玻璃杯里面装不同高度的水，用汤匙轻轻敲，听听它们发出来的不同声音。

安全贴士：

小容器的盖子一定要很牢固，不会脱开，直到你给宝宝看内容物为止。

魔术贴

在浴缸里玩这个游戏，既能让宝宝好好洗澡，而且也很有趣。宝宝会很喜欢和小人物、小模型一起洗白白！

所需材料：

- 便宜的绘本
- 宽宽的透明胶带
- 剪刀
- 浴缸和水

> **宝宝可以学到：**
> - 因果推理能力
> - 创造力和想象力
> - 精细运动技能

步骤说明：

1. 买一本宝宝喜欢的便宜绘本。

2. 剪下书中的人物，如果你想要的话，还可以剪下里面的一些背景，可以包括家具、玩具、房子、汽车等。

3. 在剪下的图形正面粘上一段透明胶带，把整个图形都覆盖住。

4. 再在图形背面同样粘上透明胶带。这样，图形整个被胶带包住，就变成防水的了。

5. 小心地沿着这些图形周围剪开，边缘留下大约3毫米宽的胶带。

6. 在浴缸里放温水，让宝宝坐进浴缸。

7. 把那些防水图形也一起放进浴缸。

8. 把沾湿的图形粘到浴缸壁上。

衍生游戏：

在浴缸外面也可以玩这个游戏：装一盆水，再准备一个金属烤盘，把图形在盆里沾湿，再粘到烤盘上。

安全贴士：

宝宝在水里的时候，你一定要和他在一起。

讲故事

　　宝宝喜欢某本书的故事时，他会希望一遍一遍地重复听！这里有个能满足他需求的有趣方法，可以强化他的认知技巧。

所需材料：

- 录音机
- 空白录音带
- 绘本
- 可以让宝宝舒适地听故事的地方

> **宝宝可以学到：**
> - 语言能力和词汇量
> - 听力
> - 自助技能

步骤说明：

1. 让宝宝坐在你的大腿上，再拿一本绘本。

2. 打开录音机，读绘本给宝宝听，录下你的声音。

3. 读完后，关掉录音机，把录音带倒带。

4. 让宝宝坐在一个舒适的地方，把那本绘本给他。

5. 把录音机放在附近，教他把录音机打开，或是你来打开它。

6. 让他看绘本，并随着录音机播放故事翻页。

衍生游戏：

不用绘本，由你自己来编故事，然后让宝宝运用他的想象力画出故事中发生的事情。

安全贴士：

使用电池电源的手提式录音机，以便宝宝可以安全地操作。

鸭子嘎嘎叫！

猜猜味道

宝宝的食量增加了不少，也开始接触各种新的味道。如果你家有一个挑食宝宝，每次碰到绿色的东西就把脸扭开，可以试试这个味道测验，把吃饭变成游戏。

所需材料：

- 宝宝喜欢的各种食物，口感要类似的，例如苹果酱、布丁、土豆泥、果冻、麦片粥等
- 碗和勺子
- 桌子
- 眼罩

> **宝宝可以学到：**
> - 分类能力
> - 探索能力
> - 味觉

步骤说明：

1. 选择口感相近的各种不同食物。
2. 把食物放在不同的碗里，然后把这些碗在桌子上排成一排。
3. 把宝宝带到桌子边，给他一把勺子。
4. 让宝宝看清所有食物，然后告诉他你们要玩一个游戏。
5. 用眼罩把宝宝的眼睛蒙起来，或是告诉他把眼睛闭上。
6. 拿起勺子，在勺子里面放一种食物，让宝宝尝一尝。
7. 拿开眼罩，要他猜一猜他吃的是哪一种食物。
8. 重复进行，直到他吃过所有食物为止。

衍生游戏：

全部用水果、全部用蔬菜，或是全部用其他同一种类的食物来玩这个游戏。

安全贴士：

千万不要欺骗宝宝，喂他吃他不喜欢的食物，否则他就不会再相信你了。

155

幼儿保龄球

不是让宝宝单纯地来回滚球,而是给他一个特别的挑战任务:击倒目标!

所需材料:

- 找出 6~10 样东西来充当保龄球瓶,如空的牛奶盒、空的塑料饮料瓶、倒扣的纸杯等
- 大片地板
- 绳子或胶带
- 排球、足球或篮球

宝宝可以学到:

- 因果推理能力
- 手眼协调能力
- 粗大运动技能

步骤说明:

1. 把"保龄球瓶"排成三角形,就像真的球道上的球瓶一样。
2. 在距离球瓶几步距离的位置用绳子或胶带做出一条线。
3. 让宝宝站在线后面。
4. 给他球,让他试试用球把所有东西都撞倒。
5. 把"球瓶"排好,再玩一个回合。

衍生游戏:

把骨牌排成一条长长的线,让宝宝把一颗小球向最末尾的一张骨牌滚过去,那么当球击中的时候,骨牌会因为连锁反应而一一倒下。

安全贴士:

千万不要用真正的保龄球——它太重了!也不要用易碎的物品当球瓶。

扔球

　　这是一个活泼又有互动的游戏，它会让宝宝满怀快乐和胜利的满足感。在宝宝扔球的时候，你要玩的是篮子！

所需材料：

- 小球，如网球、毛线球或软皮球
- 轻质的大型容器，如篮子、箱子等
- 开阔的空间

宝宝可以学到：
● 手眼协调能力
● 粗大运动技能
● 社交互动

步骤说明：

1. 搜集几颗小球，把它们交给宝宝。

2. 找一个容器，大到可以接住球，而且很容易拿。

3. 把容器抓在你的手上，开口降低到宝宝的高度。

4. 让宝宝试着把球扔进容器里面。

5. 移动容器，以便接住球。你们一起努力，让全部的球都进入容器里。

6. 当所有的球都进入容器后，把球倒出来还给宝宝，让他再玩一次。

衍生游戏：

让宝宝拿着容器，换成你把球扔进去。

安全贴士：

球要轻轻地扔，同时要小心，千万不要把球扔到宝宝脸上！容器一定不能有任何尖锐的边缘。

洗刷刷

虽然在《汤姆·索亚历险记》里，小汤姆不愿意去刷篱笆，可是大部分幼儿都非常喜爱这个工作——即使假装的也好！给宝宝一把刷子和一桶水，看他怎么清洁他的世界！

所需材料：

- 干净的大刷子
- 对儿童很安全的清洁用品，像海绵、毛巾、橡胶拖把、喷壶、抹布等
- 两个小桶
- 水

> **宝宝可以学到：**
> - 因果推理能力
> - 自尊
> - 手眼协调能力
> - 粗大运动技能

步骤说明：

1. 搜集安全的清洁用品，放在一个小桶里，方便宝宝带着到处走。

2. 另外一个小桶里装水。

3. 把宝宝带到屋子外面，教他怎样用刷子和水"刷"房子。

4. 接着让他试试其他的清洁工具，请他按你示范的方法来做。

5. 在他完成清洁屋子的大工程以后，夸奖他一番。

衍生游戏：

如果你正在做家务，比如扫地，可以让宝宝给你提供小小的帮助，或是给他类似的、他可以自己完成的工作。

安全贴士：

确定宝宝用的所有清洁用具都是安全的。这也是一个教导宝宝认识有毒物品危险性的好时机，比如各种清洁液。

里面是什么

在这个年纪，宝宝的好奇心总令人惊叹，这个小科学家喜欢把东西拆开，看看里面有什么。这个游戏可以满足这个成长中的小爱因斯坦。

所需材料：

- 纸袋
- 可以放进纸袋的小东西，如特殊的玩具、梳子、奶瓶、小球、玩具娃娃、钥匙、鞋子等
- 透明胶带

> **宝宝可以学到：**
> - 分类能力和识别能力
> - 认知能力／思维能力
> - 精细运动技能
> - 解决问题的能力

步骤说明：

1. 搜集很多种宝宝熟悉的小东西。

2. 在每个纸袋里放进一样东西，把纸袋口折起来，用胶带封住。

3. 和宝宝一起坐在地板上，把纸袋藏在你身后。

4. 拿出一个纸袋，让宝宝从外面摸摸看。当你们两个都在摸纸袋的时候，说"我想知道里面是什么"。

5. 让宝宝猜猜看。如果他不猜，你可以猜猜看，但是不要猜对，吸引宝宝也好好思考纸袋里面是什么东西。

6. 继续摸，继续猜测。假如宝宝放弃了，打开纸袋，让他闭上眼睛摸摸里面的东西，看看他是不是可以猜出来。

7. 当你们两个都猜过以后，把那样东西拿出来，看看猜对了没有。

衍生游戏：

让宝宝准备一组纸袋给你猜猜看！

安全贴士：

当宝宝用手去探究纸袋里的东西时，确定纸袋里的东西不会伤到他。

哪里不对劲

当宝宝还在试着认识这个世界时，带他玩玩这个游戏，和他一起分辨有什么东西和平常不一样，而且想一想该怎样去改正它!

所需材料:

● 绘本

● 袜子和鞋子

● 牙刷和牙膏

● 碗和水

步骤说明:

1. 让宝宝坐在你的大腿上，把一本绘本倒着拿，开始读。看宝宝是不是可以找出这样哪里不对。

2. 给宝宝穿上一只鞋，然后再套上一只袜子。看宝宝会不会注意到哪里不对劲，并且指出来。

3. 把牙膏挤到牙刷背面，而不是刷毛上。看宝宝能不能指出哪里不对，看他会怎么处理。

4. 在碗里倒一些水，然后递给宝宝请他喝。看他是不是会注意到这个别扭的容器，并且提出要一个杯子。

衍生游戏:

在宝宝的生活中加进更多不对劲的事，看他会不会注意到，然后做调整。例如帽子反着戴，衣服里外倒着穿，用错误的餐具吃东西，用食用色素把白米饭染上颜色，等等。

安全贴士:

确定宝宝在参与这些奇怪的事情时不会受伤。

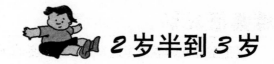

你的宝贝就快满 3 岁了，也准备好要面对整个世界了！他已经是一个健康、聪明而且有自信的小孩，热切地想要加入幼儿园或同龄孩子的小群体里。从一个不会说话、不会走路、完全依赖他人的小婴儿，转变成一个可以说、可以做，并且了解自己的小小孩，这个过程多快啊！

宝宝的粗大运动技能增强之后，他很快就能学会骑自行车、溜冰、跳绳、跳房子，甚至可以玩滑板！他能跑得更快，跳得更高，玩得更久。

这个年纪的宝宝喜欢问"为什么"，这是他在了解世界，像一块块组装拼图一样把整个世界印入自己脑海。他现在也可以遵照简单的指示，从某种程度思考，并自己找到大部分问题的答案。

他的语言进步很惊人—— 一天可以掌握 6~10 个新词！在他突然说出"我讨厌你"或"真可恶"这样的话时，你可能会大吃一惊。如果宝宝用了一些不好的字眼，你可以轻松地向他解释说家里不要说这样的话，之后就忽略它们。只要你不注意他说的这些话，这些字眼很快就会失去影响力，然后消失不见。

宝宝在学习更多事物和遭遇更多挑战之后，自我感觉应该会更好。在上幼儿园期间，他的自尊心可能会降低一点，但如果在他还小的时候就获得良好的自尊发展，以后便会重拾以往所拥有的自尊。多给宝宝机会，让他成功完成任务。你还可以用一些特殊技巧来加强他的自尊。

一旦宝宝学会回报，开始明了别人的感觉，他就能建立长久的友谊，和别人的争执就会少一点。虽然宝宝的情绪会变得更复杂，但他也会更善于表达，所以鼓励宝宝用肢体动作、口头语言、艺术活动等别人可以接受的方式表达他的情绪，那么长大之后，他就能发展出独特的沟通技巧。

宝宝在不断成长，而且速度惊人！所以，多多享受和宝宝在一起的时光吧，因为不知不觉间，他就 4 岁了！

PLAY & LEARN

趣味袋

对宝宝来说，惊喜是一种趣味无穷的体验，尤其是"惊喜"很有创意，又不受限制的时候。把一些有趣的东西放在纸袋里，为宝宝提供一些激发想象力的想法。

所需材料：

- 纸袋
- 可以三个配成一组的东西，如肥皂、毛巾和塑料玩具船（洗澡用），勺子、盘子和杯子（用来吃东西），鞋子、衬衫和裤子（打扮用）

> **宝宝可以学到：**
> - 认知能力／思维能力
> - 识别能力和分类能力
> - 语言能力
> - 社交互动

步骤说明：

1. 把可以三三成组的东西按组分别放进纸袋里。
2. 让宝宝坐在地板上，然后拿出一个纸袋。
3. 打开纸袋，让宝宝闭着眼睛从纸袋里拿出一样东西。
4. 请他睁开眼睛，说出手中这个东西的名字，然后让他想想纸袋里还会有什么东西。
5. 如果他猜对了其中一个东西，就把它拿出来给他看。
6. 接着让他猜猜看最后一个东西是什么。
7. 假如宝宝很难猜出第三个相关物品，向他解释第一个和第二个东西的关联。接下来，让他再试猜第三个东西。
8. 当他三个东西全都猜中后，问问他，它们有哪些共同点。
9. 拿出其他纸袋照做。

衍生游戏：

用食物来玩这个游戏。把三个相关的东西放在桌子上，例如比萨饼皮、比萨馅料和奶酪。问问宝宝，把这些东西结合在一起的时候会变成什么食物。

安全贴士：

确保所有东西都是安全的，并尽量选择宝宝熟悉的东西，他至少能猜对一些。

模仿家

孩子是天生的模仿家，因为模仿是他的一种学习方法。改变方式，来玩一个模仿游戏，不过是由你来模仿！

所需材料：

● 你的身体

步骤说明：

1. 把宝宝带进游戏室，让他坐在地板上。

2. 在他旁边坐下来，模仿他的姿势。

3. 每次宝宝做出动作的时候，要马上模仿他。

4. 看看他什么时候能注意到你在模仿他。

宝宝可以学到：
● 因果推理能力
● 粗大运动技能和精细运动技能
● 社交互动

衍生游戏：

让宝宝来模仿你的动作。比如你拍手3次，然后要宝宝照做，再继续加上肢体动作，让他模仿你。接下来再由宝宝做动作，你来模仿他。

安全贴士：

如果宝宝陷入了任何危险状况，立刻停止游戏，处理好问题再继续游戏。千万不要用你的模仿来逗弄宝宝或让他难过。

挖恐龙

这个年纪的宝宝最喜欢恐龙。甚至有的宝宝还不会说"开火车"的时候就会说"大恐龙"了！以下是一个给小小考古学家玩的游戏！

所需材料：

● 塑料恐龙骨头，玩具店或模型店有售

● 沙箱

● 勺子或塑料小铲子

> **宝宝可以学到：**
> ● 认知能力
> ● 精细运动技能
> ● 语言能力

步骤说明：

1. 把一组塑料恐龙骨头拆开，然后一根一根埋到沙箱里。

2. 给宝宝一把勺子或塑料小铲子，让他在沙子里挖恐龙骨头。

3. 当他找到骨头时，告诉他把它摆放在地上，然后继续找其他骨头。

4. 在他找到所有骨头后，你们一起拼起来。

衍生游戏：

也可以用任何组合玩具代替，如拼图、积木等。

安全贴士：

和宝宝一起玩，以免他把沙子弄进眼睛里。

帽子游戏

宝宝的想象力正在飞速发展，喜欢扮演各种不同的角色，你可以提供各种物品来刺激他的想象力，不如就从各种有趣的帽子开始吧。

所需材料：

- 各种帽子，如棒球帽、草帽、毛线帽、无檐便帽、消防员的帽子、羽毛帽、牛仔帽、遮阳帽、头巾、儿童帽，以及报纸做成的帽子
- 镜子

宝宝可以学到：
● 身体意识和自我意识
● 表演能力和想象力
● 粗大运动技能和精细运动技能

步骤说明：

1. 从二手店或衣橱里搜集各种帽子。帽子越多，宝宝可以假扮的角色就越多。
2. 把帽子全部放在一个箱子里，盖上盖子。
3. 把箱子放在游戏室的镜子旁边。
4. 请宝宝打开箱子，拿出一顶帽子。
5. 让他戴戴看，然后换你戴，从镜子里面看你们的新模样。
6. 鼓励宝宝表演戴这种帽子的人应该做什么事，例如，如果他戴了一顶棒球帽，就可以假装挥球棒。

衍生游戏：

用鞋子、假发、衣服、面具等来代替帽子玩这个游戏。

安全贴士：

确定帽子很干净，没有尖角或锐利的边缘。

衣服游戏

对你来说是家务活，对宝宝来说却是个很好的游戏！玩玩看，帮助宝宝发展分类和思维能力，顺便把衣服都叠好、放好。

所需材料：

- 许多洗好、晾干的家庭成员的衣服
- 干净的地板

宝宝可以学到：

- 身体意识
- 分类能力和排序能力
- 精细运动技能和粗大运动技能

步骤说明：

1. 把洗好、晾干的衣服放在干净的地板上。

2. 让宝宝坐在你旁边，教他怎样根据简单的分类标准来把衣服整理好，例如，你们可以根据颜色来整理，红色一叠、绿色一叠、蓝色一叠，等等。

3. 根据某种分类标准把衣服整理好以后，再根据另一种不同的标准来整理。可以试着用大小、形状、性别、家庭成员、新旧等来分类。

衍生游戏：

请宝宝闭上眼睛，只凭触摸来猜猜某一件衣物是属于哪一叠。

安全贴士：

如果宝宝试着穿上任何一件衣服，小心不要让他被缠住。

认识声音

宝宝喜欢听各种不同的声音。你可以用这个游戏来加强他的听力，需要准备的只是一部手提录音机。

所需材料：

- 手提录音机和录音带
- 有趣的声音

步骤说明：

1. 使用录音机录下各种有趣的声音，例如狗叫声、动画片插曲、爸爸的说话声、电话铃声、钥匙的摩擦声等。每两种声音之间留一点停顿时间。
2. 把录音带放给宝宝听，看他是不是可以猜出每一种声音。如果你录音时没有在两种声音之间留下足够停顿的话，可以在播过一种声音后按暂停，让宝宝猜一下。
3. 再放一次录音带，这一次，在放音的同时，展示每一种声音的来源。

衍生游戏：

录下宝宝熟悉的人的声音，比如爷爷、奶奶、保姆、兄弟姐妹、邻居，等等，然后要他根据声音来辨认每个人。

安全贴士：

声音一定要大得可以听见，但是要柔和，以免吓到宝宝。

> **宝宝可以学到：**
> - 因果推理能力
> - 分类能力
> - 听力

汪汪

167

神奇眼镜

宝宝已经可以通过自己独特的眼光——以自我为中心——来看待这个世界，你不妨用这个游戏为他提供另一种"看法"！

所需材料：

- 纸盒
- 铅笔、剪刀和胶带
- 红色、蓝色、绿色和黄色的玻璃纸

步骤说明：

1. 从纸盒上剪下一长条纸板，宽度需能遮住宝宝的眼睛，长度为绕宝宝的头一圈还有一点重叠。
2. 把纸片拿到宝宝的脸上比一下，用铅笔在眼睛部位画两个圆。
3. 在圆的位置剪两个洞，不要太小，要方便宝宝看清。
4. 把红色玻璃纸贴在洞上，然后用胶带固定。
5. 把纸板贴近宝宝的脸，粘贴玻璃纸的一面朝外，然后把纸板的两头在宝宝后脑粘住。
6. 让宝宝探索他的红色世界。
7. 当他厌倦了红色时，把玻璃纸换成蓝色，接着是绿色，然后是黄色。

> **宝宝可以学到：**
>
> - 分类能力
> - 创造力和想象力
> - 视觉刺激和视觉敏锐度

衍生游戏：

把卷筒卫生纸芯的一边用彩色玻璃纸遮起来，做成一个望远镜，让宝宝用一只彩色的眼睛看世界！

安全贴士：

确定宝宝可以把眼镜轻易拿掉，以免他被吓到。

发生了什么

这是一个排序游戏，而排序是宝宝在学会阅读以前一定要熟悉的技巧。

所需材料：

- 一系列的照片，例如度假、生日宴会、假日活动、在幼儿园的第一天，等等
- 大张的白色美术纸
- 水彩笔
- 桌子

> **宝宝可以学到：**
> - 因果推理能力
> - 认知能力／思维能力
> - 排序能力和背景资料归纳能力
> - 视觉能力

步骤说明：

1. 从家庭相册里面找出一系列 4 张照片，内容是关于某项特殊活动。选择有开始、中场和尾声的照片。例如欢迎客人（照片 A）、打开礼物（照片 B）、吃蛋糕（照片 C）、说再见（照片 D）。

2. 在一大张美术纸上画 4 个排成一列的方框，比照片的尺寸大一点。

3. 在 4 个方框上分别标上序号 1、2、3、4。

4. 让宝宝坐在桌子旁边，把美术纸摆在他前面。

5. 把 4 张照片摊开给他看。

6. 提醒他那是个什么活动，然后问："最先发生了什么？"看他是不是可以挑出代表活动开始的照片 A。假如他需要协助，给他提示。

7. 让宝宝把照片 A 放在序号为 1 的方框上面。

8. 接着找找下一张照片，直到全部照片都按顺序放好为止。

衍生游戏：

找一本宝宝喜爱的便宜绘本，从开始剪下一页，从中间剪下两页，结束的地方剪下一页，让宝宝按照顺序把它们排好。

安全贴士：

如果宝宝有困难，就只用 3 张照片，并且提供很多提示。

布丁画画

宝宝喜欢把东西分类，以此组织他的世界，不过有些东西分类时会有重叠的地方。当你用新的思考方式教导他的时候，就可以加强他的认知发展。

所需材料：

- 布丁
- 铺上塑料布的桌子
- 围兜或罩衫

宝宝可以学到：

- 分类能力和思维能力
- 情绪表达和创造力
- 精细运动技能

步骤说明：

1. 买或制作宝宝最喜欢口味的布丁。

2. 把塑料布铺在桌子上。

3. 替宝宝穿上围兜或罩衫。

4. 让宝宝坐在桌边的椅子上，让他可以很容易够到桌子。

5. 挖出一大匙布丁，放在宝宝面前的桌子上，让他用布丁来画画。如果他需要一些帮助，你不妨在旁指导他。

衍生游戏：

使用香草布丁，再将宝宝画的图案的各个部分染上不同的颜色，让视觉效果更好。如果你想把宝宝画的图案保留下来，可以把一张白纸压在布丁图案上，再小心地揭起来，晾干就可以了。

安全贴士：

宝宝玩的时候可以吃布丁。不过，如果上色时用了不可食用的色素，就得教他不要吃。

图片配对

当宝宝开始辨别立体和平面图像（如照片）之间的异同时，玩玩这个游戏，看他是不是可以把立体和平面的东西对应起来。

所需材料：

- 杂志上的照片，包括家里可以找到的东西，如牙膏、食品、帽子、玩具、鞋子、手表等
- 可以和这些照片配对的实物

宝宝可以学到：
• 分类能力和配对能力
• 视觉辨别能力

步骤说明：

1. 找出可以在你家里找到的各种物品的照片。

2. 找出可以和这些照片配对的实物。

3. 在地板或是桌子上把这些实物排成一列。

4. 让宝宝坐在你旁边，面对着那些实物。

5. 拿起一张照片，要宝宝找到对应的实物。

6. 反复进行，直到宝宝把所有照片和实物都配对为止。

衍生游戏：

拿掉几张照片，看宝宝是不是可以发现少了什么。另外，除了作相同东西的配对，例如一把牙刷和一张牙刷的照片，还可以作相关物品的配对，如牙刷和牙膏。

安全贴士：

确定所有东西都很安全，而且要给宝宝提供鼓励和协助，让他不会觉得沮丧。

水和沙子

　　水和沙子这两种材料，可以给宝宝提供大范围不受限的活动。只要给他一箱沙子和一桶水，他就可以假装自己坐在沙滩上，用沙子倒、压、堆出各种形状。

所需材料：

- 大型的木箱或纸箱
- 细沙
- 一桶水
- 沙滩玩具、塑料动物模型
- 筛子、杯子、勺子和其他厨房用具

宝宝可以学到：

- 因果推理能力
- 精细运动技能
- 想象力与表演能力
- 感官开发

步骤说明：

1. 在阳台上放一个大型的木箱或纸箱，铺上至少30厘米深的细沙。
2. 放好一桶水、沙滩玩具，以及游戏用的厨房用具。
3. 让宝宝尽情研究沙子，并且运用想象力去撒、倒、埋和玩。

衍生游戏：

趁宝宝没注意的时候，把一些小玩具埋在细沙里，然后让他找出宝藏。

安全贴士：

宝宝在沙堆里的时候，要随时注意他，防止他把沙子弄到脸上。

碗的游戏

你曾经愚弄过宝宝吗？他还小的时候可能很好骗，但现在他已经长大了，要骗他可就没那么容易喽！

所需材料：

● 桌子

● 不同颜色的 3 个小杯子或碗

● 糖果或饼干

宝宝可以学到：

● 手眼协调能力

● 解决问题的能力

● 视觉跟踪能力

步骤说明：

1. 让宝宝坐在桌子旁边。

2. 把 3 个彩色碗倒过来放在桌子上。

3. 在其中一个碗前面放一块糖果或饼干。

4. 用一个碗把糖果盖起来。

5. 把碗移来移去，让宝宝把注意力一直放在藏起来的糖果上。

6. 问问宝宝："糖果在哪里？"

7. 让宝宝拿起碗，检查有没有糖果。

8. 如果他猜对了，让他吃掉糖果。

9. 再玩一次！

衍生游戏：

3 个碗下面都放糖果，然后要他找出你指定的某一块糖果。想让这个游戏更具挑战性的话，就用相同颜色的碗。

安全贴士：

慢慢地移动碗，让宝宝可以看清糖果在哪里。这个游戏的目的是要让他成功，而不是要让他感到沮丧。

173

古怪的故事

当宝宝以为他已经了解整个世界的时候，用他最喜爱的故事书编一个奇怪的故事给他听，让他再想一想！

所需材料：

● 宝宝喜欢的绘本

宝宝可以学到：

● 认知能力／思维能力
● 语言能力和词汇量
● 社交互动

步骤说明：

1. 选一本宝宝喜欢的书，最好是你经常读给他听的书。

2. 找一个舒适的地方坐下来，让宝宝坐在你的大腿上。

3. 像平常一样读书给宝宝听。

4. 读了几页以后，开始改编故事，让它变得有点奇怪。例如，如果你读的是《三只小猪》，就把一匹狼来敲门改成一只猩猩来敲门。

5. 在你说了这个奇怪的部分以后，停顿一下，看看宝宝的反应。如果他说"不对！才不是那样"的话，就重新正确地读出原来的故事。

6. 再编出另一个奇怪的情节。

衍生游戏：

用一首宝宝喜爱的歌来玩这个游戏，通过改歌词而编出一首奇怪的歌，比如把"洋娃娃和小熊跳舞"改成"洋娃娃和小猫跳舞"。

安全贴士：

如果宝宝在发现变化时变得烦躁，就改天再玩这个游戏。

香味大搜奇

宝宝天生就有很好的嗅觉。从一出生，他就可以只凭妈妈和爸爸的独特味道来分辨他们。到了两三岁的阶段，你可以通过这个游戏扩展他的感官发展。

所需材料：

- 好闻的东西，如香水、幼儿食品、花、婴儿乳液、干净的衣服、香皂等
- 纸袋

宝宝可以学到：

- 因果推理能力
- 分类能力
- 感官开发

步骤说明：

1. 搜集很多有好闻味道的东西，最好是宝宝熟悉的东西。
2. 把这些东西分别装在纸袋里，折好袋口。
3. 让宝宝坐在地板上，把袋子放在他身旁。
4. 拿起一个纸袋，打开袋口。
5. 向纸袋里面闻一闻，让他知道该怎么玩，然后让他轻轻闻一闻，不要给他看里面的东西。
6. 要他猜猜里面是什么。如果他需要协助的话，给他提示。
7. 打开纸袋，让宝宝把东西拿出来，看看是什么。
8. 让宝宝依次闻闻所有的纸袋。

衍生游戏：

在纸袋里放各种食物，如橘子、香蕉、面包、饼干、奶酪、巧克力、某种蔬菜等。

安全贴士：

千万不要使用任何一种味道太浓烈或不好闻的东西，不然游戏就不好玩了。

SOS

这是一种搜寻游戏，可以在浴缸或儿童游泳池外面玩。当宝宝找船的时候，你要小心看着他！

所需材料：

- 浴缸、塑料澡盆或儿童游泳池
- 水
- 塑料小船
- 毛巾

> **宝宝可以学到：**
> - 精细运动技能
> - 解决问题的能力
> - 视觉跟踪能力

步骤说明：

1. 在澡盆里面放温水。

2. 让宝宝坐进水里。

3. 放几样会浮在水上的玩具，例如塑料小船。

4. 把小船用毛巾盖起来。

5. 问问宝宝："船哪儿去了？"看他能不能找到它。

衍生游戏：

用会沉下去的玩具代替会浮起来的玩具，看宝宝能不能在盆底或池底找到它。

安全贴士：

宝宝在水里的时候，
要随时注意着他。

故事剧场

　　如果宝宝有一本喜欢的书，你可以运用面具、布景和戏服，把这个虚构的故事变成一出戏。你看，宝宝将会愉快地扮演着熟悉的角色，从纸上跳到舞台上！

所需材料：

- 毯子
- 喜爱的绘本
- 你们所选角色的戏服

步骤说明：

1. 在房间中间摊开一张毯子，作为舞台。
2. 选一本宝宝喜欢的绘本，如《小熊维尼》。
3. 为书中的角色制作戏服。
4. 把故事讲给宝宝听。
5. 把你自己和宝宝打扮成书中的人物。
6. 在毯子舞台上一起演出这个故事。

衍生游戏：

可以用玩具娃娃或布偶来演出，而不是你们自己演。

安全贴士：

如果宝宝在演出过程中受到惊吓的话，提醒他这只是虚构的。让他选自己想要扮演的角色，可以让他觉得这出戏更有趣。

> **宝宝可以学到：**
> - 创造力和想象力
> - 表演能力
> - 语言能力和词汇量

找标签

这是捉迷藏的新版本。在游戏中，要找的不是人而是标签。运用你的想象力，把标签藏在好玩的地方！

所需材料：

- 各种标签
- 游戏室

步骤说明：

1. 买一些有趣的标签贴纸。
2. 把标签贴在游戏室里的不同物品上，例如家具、灯、玩具、地板、墙壁、鞋子，甚至可以贴到狗狗身上！所有的标签都要贴得可以明显看到。
3. 把孩子带进游戏室，请他找出你藏起来的标签。
4. 如果他需要帮助，就给他提示。
5. 让孩子把他找到的标签贴在穿着的衬衫上。

衍生游戏：

让你的孩子去藏标签，然后你来找。可以用小玩具、点心、图片或是孩子会感兴趣的其他东西来代替标签。

安全贴士：

不要把标签贴在孩子需要伸长手、推、拉、爬或是做其他危险动作才拿得到的地方。标签都要很容易看见，尽量减少孩子的挫折感。

178

走钢索

在这个年纪，孩子的脚步已经十分稳健了，这时你可以利用"走钢索"的游戏来挑战他。你自己也可以试试看！这个游戏不简单，可是很好玩！

所需材料：

● 地板

● 宽胶带

步骤说明：

1. 清理一下房间，让你们有大片的地板可以用。

2. 用宽胶带在地板上做一条线——开始是直线，然后让它变得弯弯曲曲，最后变成密集的波浪线。

3. 你先走在宽胶带上试试看，不要踏到宽胶带外面！

4. 接着，换孩子来走一次，看看他能不能比你更有办法，也保持脚一直踏在宽胶带上。

孩子可以学到：

● 平衡能力和协调性

● 脚眼协调能力

● 粗大运动技能

衍生游戏：

把宽胶带贴遍整个屋子，甚至贴到家具上面，以此作为一个障碍路线。试着倒着走在宽胶带上，让游戏更有挑战性。

安全贴士：

不要用宽胶带把孩子引到任何危险的区域。如果他在平衡上有困难，而且变得很沮丧的话，就把路线贴近墙壁并和墙壁平行，那么孩子就可以靠着墙壁来保持平衡。

水的奇迹

　　在成长的每一个发展阶段，孩子都有玩水的机会，他们从来不会对研究水的特性感到厌倦，所以给孩子一个水的奇迹世界吧！

所需材料：

- 大塑料澡盆
- 可以在水里使用的工具——倒水用的塑料量杯、安全的注射器、用来过滤的滤网或漏斗、用来吹气的吸管、手动打蛋器、勺子、塑料盘子，等等

> **孩子可以学到：**
> - 创造力和想象力
> - 科学观念
> - 精细运动技能

步骤说明：

1. 把一个大塑料澡盆装满温水，放在室外。
2. 把各种物品放进澡盆里。
3. 让孩子借助不同工具去研究水。
4. 给他时间研究各种工具，一段时间后，示范每一样工具的用途，让他有更多游戏的选择。

衍生游戏：

让水里能产生泡泡，以增加游戏的趣味。如果喜欢的话，可以在孩子洗澡的时候玩这个游戏。

安全贴士：

绝对不要让孩子单独玩水。

我们该怎么办

为了强化孩子思考和解决问题的技巧，来玩一个游戏吧，孩子的答案也许会让你大吃一惊呢！

所需材料：

- 引人注目或发人深思的图片，如猫在爬墙、一个孩子在哭、溢出来的饮料、坏掉的玩具、吃剩的比萨，等等
- 剪刀
- 美术纸
- 胶水

> **孩子可以学到：**
> - 认知能力/思维能力
> - 语言能力和词汇量
> - 解决问题的能力
> - 社交技能

步骤说明：

1. 从杂志里找出一些引人注目或发人深思的图片。
2. 把图片剪下来，用胶水粘在美术纸上，这样方便拿，也方便看。
3. 和孩子一起坐在地板上，拿起其中一张图片。
4. 问一问你的孩子："发生了什么事？"在发问的时候，要装出一副很疑惑的表情。
5. 给孩子一点时间思考，然后告诉你答案。如果他需要协助，就给他一些线索。
6. 当他完全理解以后，继续下一张图片。

衍生游戏：

在孩子指出问题以后，要他帮你解决。例如，如果有一只猫困在树上，你就说："我们该怎么办？"

安全贴士：

不要使用太复杂的图片，以免孩子产生困扰。让这个游戏轻松又有趣！

图书在版编目(CIP)数据

让孩子越玩越聪明的160个经典益智游戏：0～3岁/
〔美〕华纳著；刘灿灿译．–海口：南海出版公司，2010.2
　ISBN 978-7-5442-4692-7

　Ⅰ.让…　Ⅱ.①华…②刘…　Ⅲ.智力游戏–儿
童读物　Ⅳ.G898.2

　中国版本图书馆CIP数据核字(2010)第019009号

著作权合同登记号　图字：30-2007-040
BABY PLAY AND LEARN: 160 GAMES AND LEARNING
ACTIVITIES FOR THE FIRST THREE YEARS
by PENNY WARNER
Copyright: © 1999 BY PENNY WARNER
This edition arranged with MEADOWBROOK PRESS
through Big Apple Tuttle-Mori Agency, Inc., Labuan, Malaysia.
All Rights Reserved.

让孩子越玩越聪明的160个经典益智游戏（0～3岁）
〔美〕佩妮·华纳 著
刘灿灿 译

出　　版　南海出版公司　(0898)66568511
　　　　　　海口市海秀中路51号星华大厦五楼　　邮编 570206
发　　行　新经典文化有限公司
　　　　　　电话(010)68423599　　邮箱 editor@readinglife.com
经　　销　新华书店

责任编辑　崔莲花
特邀编辑　王彩虹
装帧设计　王晶华
内文制作　王春雪

印　　刷　三河市三佳印刷装订有限公司
开　　本　710毫米×930毫米　1/16
印　　张　11.75
字　　数　104千
版　　次　2010年3月第1版
印　　次　2010年6月第2次印刷
书　　号　ISBN 978-7-5442-4692-7
定　　价　25.00元